高等教育管理发展的战略研究

马 静 著

北京工业大学出版社

图书在版编目（CIP）数据

高等教育管理发展的战略研究 / 马静著. — 北京 : 北京工业大学出版社，2025.7重印
ISBN 978-7-5639-6857-2

Ⅰ. ①高… Ⅱ. ①马… Ⅲ. ①高等教育－教育管理－研究－中国 Ⅳ. ①G649.21

中国版本图书馆CIP数据核字（2019）第145741号

高等教育管理发展的战略研究

著　　者：马　静
责任编辑：张　贤
封面设计：点墨轩阁
出版发行：北京工业大学出版社
（北京市朝阳区平乐园100号　邮编：100124）
010-67391722（传真）　bgdcbs@sina.com
经销单位：全国各地新华书店
承印单位：三河市元兴印务有限公司
开　　本：710毫米×1000毫米　1/16
印　　张：11.25
字　　数：225千字
版　　次：2021年10月第1版
印　　次：2025年7月第4次印刷
标准书号：ISBN 978-7-5639-6857-2
定　　价：35.00元

前 言

一个国家高等教育发展的水平，决定着这个国家教育整体的发展高度，对社会发展的其他许多方面也有着直接影响。创新型国家建设与和谐社会目标的确立，科学发展观的实施与和谐文化的提出，为我国高等教育发展提供了新的历史机遇。

本书主要对高等教育管理的基本概念、目的、本质、行为，属性、特点、矛盾、冲突与解决方法、功能、原则、高等教育管理发展的特殊性和价值、高等教育管理改革与发展以及我国高等教育管理体制改革等内容进行研究和探讨。首先，高等教育管理研究指导着我国高等教育管理实践，其研究成果为我国高等教育管理实践提供理论指导和实践指南，也决定了我国高等教育发展的路线和方向；其次，我国高等教育管理研究的现状令人担忧，虽然取得了丰硕的研究成果，但是也存在对管理实践的解释不够全面和准确、难以指导管理实践的问题，所以，学者们仍需重视并加强高等教育管理研究，提高教育管理研究水平。

目　录

第一章　高等教育管理的概述 ……1
第一节　高等教育管理的基本概念 ……1
第二节　高等教育管理的目的、本质及行为 ……7
第三节　高等教育管理的属性 ……12
第四节　高等教育管理的特点 ……16
第五节　高等教育管理中的几对矛盾分析 ……18
第六节　高等教育管理中的冲突与解决方法 ……24
第二章　高等教育管理的功能 ……31
第一节　规划与组织功能 ……32
第二节　控制与协调功能 ……39
第三章　高等教育管理的原则 ……53
第一节　高等教育管理的原则确立的依据 ……53
第二节　高等教育管理的基本原则 ……59
第三节　高等教育管理原则的应用 ……66
第四章　高等教育管理发展的特殊性研究 ……69
第一节　高等教育管理活动的特殊性 ……69
第二节　高等教育系统——大学组织的特殊性 ……70
第五章　高等教育管理发展的价值研究 ……73
第一节　价值的解读 ……73
第二节　高等教育管理的逻辑起点 ……83
第三节　高等教育管理的价值 ……86
第三节　高等教育管理价值体系的分类 ……111
第六章　高等教育管理改革与发展 ……115
第一节　我国高等教育管理的历史沿革 ……115

第二节　我国高等教育立法……119
第三节　高等学校的领导者……120
第四节　我国高等教育管理改革与发展趋势……130
第七章　我国高等教育管理体制改革……143
第一节　坚持创新理念……143
第二节　把握职能定位……147
第三节　构建权力结构……150
第四节　健全机构设置……154
第五节　保障运行机制……156
第六节　我国高等教育管理创新的措施……161
参考文献……171

第一章　高等教育管理的概述

“一般管理理论”最早产生于法国。当泰勒及其追随者正在美国研究和倡导生产作业现场的科学管理原理和方法的时候，大西洋彼岸的法国产生了组织管理的理论，被后人称之为“一般管理理论”或者“组织管理理论”。与泰勒主要研究基层作业的管理理论不同的是，“一般管理理论”是站在高层管理者的角度研究组织管理问题，在这个理论的基础上，现代管理理论的研究发展很快，形成了许多管理的经典理论和理论体系。高等教育管理作为管理的组成部分，也取得了较大的发展与进步。

第一节　高等教育管理的基本概念

一、管理的一般概念

根据研究管理的对象不同，可分为广义的管理和狭义的管理。广义的管理可以是针对大自然中的万事万物的管理。狭义的管理只是针对某项具体活动，以及这些活动中的资源所进行的计划、组织、领导、控制。一般我们研究的管理是指狭义的管理，是指组织管理、行为管理、活动的管理。活动的结果，实际上是人的能动性的结果，管理的实质是管理者与被管理者之间发生的矛盾的解决。因此，管理就是管理者、被管理者、事项三方形成的特定的活动。

综上所述，本书中的管理是指在特定的环境下，对组织所拥有的资源进行有效的规划、组织、领导和控制，以便完成既定的组织目标的过程。这一表述的含义包括以下三个方面。

第一，管理是为实现组织目标服务的，是一个有意识的、有目的的活动过程。管理是任何组织不可或缺的，但也绝不是孤立存在的。只要有组织及其活动，就存在管理问题。就管理本身而言，管理不具有自己的目标，不存在为管理而管理，没有活动也就不存在管理问题，管理是依附于活动而存在的，组织活动的目标就是管理的目标，而管理是服务于组织目标的。

第二，管理工作就是要综合运用组织中的各种资源要素，通过规划、组织、控制等来实现组织目标，达到活动的目的，这就是管理的基本职能。

第三，从管理本身来讲，管理活动应该按照自己的规律进行，但是，现实管理活动中的资源并不是孤立存在的，管理工作是在一定环境条件下进行的，管理是一种社会活动，有效的管理必须充分考虑组织的特定环境。

对于管理的分类，现代管理一般可以从多个方面来进行划分：第一，从活动的规模与大小上，可以分为宏观管理和微观管理；第二，从具体的活动的内容上，可以分为综合管理和专项管理；第三，从管理的形式上，又可以分为紧密管理和松散管理；等等。

二、管理的基本理论

管理的基本理论有很多，特别是随着现代社会的发展，人们的认识水平的不断提高，社会活动的不断丰富，新的管理理论在创新、在发展。而系统管理理论、人本管理理论、目标管理理论、标准化管理理论、组织管理理论、模糊管理理论、混合管理理论等只是众多管理理论中的一部分，它们既是管理的理论，也是管理的思想和方法。

（一）系统管理理论

系统管理理论指出，管理的任务就是协调系统中的各个子系统及系统要素，以保持系统的动态平衡，取得系统最佳运行效果。这种管理理论及其方法的核心是把管理作为一个整体的系统，系统要素就是人、物、活动及其项目。这种管理理论和方法一般应用在大的军事战略、建设工程、大型活动上较为合适。

（二）人本管理理论

人本管理理论和方法是以人为中心的管理，实际上，这种管理理论与方法是最难以做好的，如果把握不好，甚至有时候还会出现偏颇。有效的人本管理实质是人的权力的利用和利益的分配，在这个过程中，既要尊重人，又要使人的潜能充分发挥出来，这是一对很特殊的矛盾，往往有时候存在两难的情况。以人为本的管理目的就是发掘人的最大潜能，这种潜能并不完全是指被管理者的，也包括管理者的，管理者的潜能是指工作的积极性和表现出来的工作效益，被管理者的潜能是指管理者的思想和艺术施加结果的体现，二者的结合才能达到管理的最大效果。人本管理理论虽然是一个相对比较早的管理理论，但是在实践中，人们应用得并不好。究其原因，传统的、单纯的人本管理理论十分强调管理的“人”的素质，可以说，低素质的人是绝对运用不好人本管理理论的，一个管不好自己的人同样也是管理不好别人的，更不用说有效地运用人本管理理论了。不过，人们现代的人本管理理论加入了制度管理，使之形成了一种新的意义上的人本管理理论，可以说这是现代的人本管理理论的发展。

（三）目标管理理论

目标管理理论是一种与利益相关联的刚性管理理论。这种管理理论实际上是与价值理论密切相关的，甚至可以说是以价值理论为基础的。目标管理理论强调要有一个预先设置的价值目标，然后以这种价值目标的实现为核心而展开管理活动，其中，价值目标的认同是关键，是目标管理的前提。目标管理理论强调组织目标的制定要得到所有组织成员的认同，没有认同感的组织目标是不切实际的目标。有人认为，目标管理只注重结果，这是十分错误的，最新的目标管理理论不仅仅注重管理活动的一头一尾，除了最先确定价值目标、最后对完成价值目标的检验结果外，目标管理理论也十分注重管理者对过程实施严格监督，管理者应防止问题成堆，致使最后出现一个很糟糕的结果。既成事实不是目标管理的目的，目标管理提倡管理者与被管理者通过共同的努力，一步一步向既定目标靠近。实现以价值目标为中心而组织的目标管理活动，是一种刚性的量化管理，因此执行也是刚性的。

（四）标准化管理理论

这种管理理论强调在专业化管理的基础上，由管理者组织专家制定管理标准，要通过一定的法律法规程序予以确定。这种管理的思想十分明确，最朴素的道理就是“没有规矩不能成方圆”。标准化管理虽然是组织和专家的行为，但管理的标准并不是空穴来风，管理标准既要有权威性，又要有社会基础和群众基础，通过科学的过程来制定。这个过程中有两个十分重要的环节，一个是标准的制定；另一个是标准的执行。第二个环节十分重要，有时候可能还是成败的关键。在管理活动中，被管理者不好好地执行标准，或者执行起来走样，都必将导致标准化管理的全面失败。当然，这不是标准化本身的问题，是实施标准化管理的实践问题。

（五）组织管理理论

组织管理理论的实质是最高决策层通过设置管理的各级组织，规定各级组织的职能，通过领导核心、组织授权、组织实施等进行管理的理论。组织管理的重点是组织结构的设计，关键是组织职能的授权。同时，一些人把它归结到组织的层级管理理论、组织的能级管理理论、组织的行为管理理论中。

组织管理理论强调要有严密的组织结构，要有明确的组织目标和组织功能，同时，要有一套有效的组织运作机制，否则，再好的科学组织也不可能发挥其应有的作用，甚至导致组织管理活动不可能有效地展开。

（六）模糊管理理论

模糊管理理论是一种在高层次的人群中应用的行为管理理论，是一种软性管理理论。简单管理没有必要运用模糊管理，它一般应用于复杂的、庞大的、中长周期的、高智商的管理活动中。

（七）混合管理理论

实际上，通常的组织活动中，特别是比较大的组织系统中，运用比较多的是混合管理理论。混合管理是多种管理思想和方法的组合，在规模比较大的大型组织中，管理的内容比较复杂，多种活动项目的性质差距较大，运用某一种理论来进行全盘的统领往往是不可能的，这就需要运用混合管理理论来完成。

三、教育管理的概念

（一）教育管理的内涵

教育管理是管理的一种特殊形式。教育管理从其范围来看有宏观和微观的区别：宏观上的教育管理是指国家各级政府教育行政部门对教育事业工作的领导和管理；微观上的教育管理是指学校对教育工作的领导和管理。本书是在宏观和微观两个层面的含义上进行立论分析的。

笔者认为，教育管理是指在一个国家或地区的政治、经济与文化环境的制约下，在教育管理部门领导与管理者的教育价值观的指向下，采用科学的方法，对所管辖的各级各类教育组织系统进行预测与规划、组织与指导、监督与协调、激励与控制、评价与反馈，使有限的教育资源得到最优化使用，提高管理效能，实现教育目标的社会实践活动。

（二）教育管理活动与社会管理的区别

教育作为一种独特的社会组织活动，其管理与其他社会组织活动有着一定的共同之处，更有着一定的不同之处。

陈孝彬等人认为教育管理不同于社会管理的特点在于：①管理育人；②提高教育质量是教育管理的中心任务；③调动教师的积极性和创造性是办好教育的关键；④教育管理主要是解决教育、教学过程中的矛盾和问题。

英国托尼·布什认为教育管理具有以下与其他组织的管理不同的显著特点。

①与商业组织的目标相比，学校与其他许多服务性组织一样，它的目标非常难以限定。学校是培养人的地方，要向受教育者传递一定的信仰和价值观，进行教育，培养学生为接受高一级的教育做准备，为就业或可能的就业做准备等。这些都是模糊的、有矛盾的目标。除了要培养学生的学习能力外，教师还被看作社会工作者、监护人和半个家长。要在这一系列复杂的目标中排出重点是很难的。

②很难衡量教育组织的目标是否达成。对教育机构的评定必须是长期的，因为教育周期很长，而且接受教育时间更长的青年比例越来越高。即使一个周期结束，仍有一些方面难以测定。

③青少年是教育机构的核心，这个特点又增加了教育管理的模糊性。学生是学校的工作对象和产品。作为生产过程参与者的学生，他们与工商业中的原材料是极为不同的。学生不能被加工，也不能被编入程序和进行操作。学习过程是建立在人与人之间关系的基础上的，这种关系具有不可预测性，而且不同的个体具有不同的习性。

④在各类教育机构中，尤其是在学校，大部分管理者和教师都具有相同的职业背景，即相同的价值观、相同的培训和经历。作为专业人员，教师要求在教学过程中有一个专业自治的范围。此外，教师作为专业人员，应该能够参与学校的决策，因为教师对决策实施起主要作用。

⑤教师与学生的关系和其他的专业人员与其工作对象的关系在许多方面存在着差异。教师与学生的接触是经常的、深入的。此外，学生几乎没有机会来选择教师，而且必须在规定的年限内上学，在学校里接受指定教师的教育和训练。

应该说，托尼·布什对教育管理与其他组织管理的区别的认识是深刻的，在教育领域具有普遍性。

四、高等教育管理概念

高等教育管理的定义是根据高等教育的目的和发展规律，调配高等教育资源，调节高等教育系统内外的各种关系，进行有效的计划、组织、领导和控制，以便达到既定的高等教育系统目标的过程。

从教育管理的层面上讲，高等教育是中等教育基础之上的教育，因此，它是指高等教育这一特殊的专业层面上的管理。

从管理的分类上讲，高等教育管理可以分为宏观高等教育管理（或称高等教育行政管理）和微观高等教育管理（或称高等学校管理）。

从管理的内容上讲，高等教育管理可以分为宏观高等教育管理中的战略规划管理、宏观调控管理，微观高等教育管理中的教育组织内部的具体的教育管理活动。

从定义上分析，高等教育管理包括以下三个方面的内容。

（一）高等教育管理的依据

高等教育管理的概念首先指明了高等教育管理活动的依据是高等教育的目的和发展规律。高等教育的目的是为社会提供各级各类的高级专门人才，各级各类高级专门人才的教育是指：在类别上为普通高等教育和成人高等教育；在性质上为公办高等教育和民办高等教育；在层次上为专科教育、本科教育和研究生教育。这些教育的目的是管理的根本依据。高等教育受到学生身心发展的影响，通过德育、智育、体育、美育等过程，培养全面发展的人，只有把人作为社会关系的总和来看待，才能对人的发展有全面的理解。因此，各级各类教育过程都有其自身的客观内在规律，只有正确认识它们的客观规律，才能实施科学的管理。高等教育还受到一定社会的经济、政治、文化制约，并为一定的经济、政治、文化发展服务。因此，生产力和科学技术的发展水平、社会的制度、文化传统都对高等教育活动产生制约；无论是国家宏观的高等教育发展政策的制定，还是高等学校培养人的过程，都必须遵循高等教育的目的和高等教育发展的客观规律。

（二）高等教育管理的任务

高等教育管理的概念指出了高等教育管理的任务，即有意识地调节高等教育系统内外各种关系和高等教育资源，以适应高等教育系统发展的客观规律。从一个国家或者地区来讲，高等教育系统是国家或者地区社会系统中的一个子系统；从高等教育组织系统来讲，高等学校也是一个社会子系统。由于系统中存在着多种矛盾，因此，高等教育管理的任务就是协调并最终解决系统中存在的矛盾。在高等教育管理中，管理者要用系统论的眼光来设计高等教育的整体和各部分之间、要素与要素之间、学校系统与外部环境之间、学校系统内部子系统之间的相互关系，树立整体的观念，并通过有效的管理实现系统要素间的整体优化。

（三）高等教育管理的目的

高等教育管理的概念还指明了高等教育管理的结果是实现高等教育系统目标。高等教育管理的目的最终也只是高等教育目的的一种辅助性目的。在高等教育系统中，培养人的目的是高等教育的根本目的，高等教育系统的一切工作都必须围绕这一目的展开，高等教育管理的目的是通过有效的管理，确保高等教育实质性目的的实现。因此，高等教育管理最终也只能是手段。当然，由于高等教育管理有其自身的需要，其自身也有目的，如效率就是管理的目的之一，但它是通过有效的管理来保证高等教育目的有效实现的。

综上所述，不论是宏观的高等教育管理，还是微观的高等教育管理，所依据的都是国家的教育方针，组织的发展目标，活动的规则，高等教育的基本规律，社会政治、经济、文化的发展背景与环境，高等教育管理通过立法、行政、经济、市场等手段进行协调和控制，保证高等教育人才培养质量、推动科学文化知识创新、促进社会进步等目标的实现，最终实现高等教育的可持续发展。

第二节 高等教育管理的目的、本质及行为

一、高等教育管理的目的

高等教育管理的结果和归宿是不断促成高等教育系统目标和目的的实现。高等教育管理的目标和目的最终也只是高等教育目标和目的的一种工具性目的。

在高等教育系统中，存在着两个不同层次的目的。

①培养人的目的是高等教育的实质性目的，高等教育系统的一切工作（包括管理工作）都必须围绕这一目的展开。

②对高等教育系统中各种关系和资源的协调构成了高等教育管理的形式性目的，它的目的是通过有效的管理，确保高等教育实质性目的的实现。

二、高等教育管理的本质

本质是事物的内部联系，它由事物的内在矛盾所决定，是事物比较深刻、一贯、稳定的方面。事物的本质决定事物的特性与属性。

高等教育系统相对于其他社会系统有其独特的活动主体和活动目标，这就使高等教育管理同其他社会系统的管理区别开来，表现出它的特殊性。高等教育的总目标是，培养高级专门人才和发展科学技术文化，并与社会经济

发展的需要相适应。高等教育管理活动就是要在总目标的指导下，把对高等教育系统的战略规划、资源调配通过制度和机制进行协调。高等教育管理的本质就是协调高等教育系统有限资源的投入与高效地实现高等教育总目标之间的矛盾。

无论高等教育有多么复杂，把高等教育系统分解为怎样的子系统，高等教育系统都必然要求各子系统在目标上协调一致，不仅要求每个子系统的目标与整体目标协调一致，而且要求每个子系统的目标与自己内部的组织成员的个体目标相互协调，更重要的是，每个系统的目标与实现这些目标的条件之间需要相互协调，这就使管理活动具有整体性和普遍性，即每个系统都需要协调。高等教育系统内部的等级层次性导致了高等教育管理活动也具有层次性，这就形成了一个由多层的、多级的、专门的子系统集合成的高等教育的管理系统。协调就蕴涵于各个子系统之间，高等学校的管理者应对各个子系统的目标进行设计，筹集和分配资源，分析系统的活动信息，即通过政策、制度和一些技术手段等协调系统成员的活动，以达到系统所设计的目标。从事这些专门活动的管理人员（或称管理者）的活动所构成的有机整体就是管理系统。

马克思对“管理”曾有过精辟的论述：“一切规模较大的直接社会劳动或共同劳动都或多或少地需要指挥，以协调个人的活动，并执行生产总体的运动——不同于这一总体的独立器官的运动——所产生的各种职能。”

马克思的这一段话，揭示了管理协调包含以下几个含义：管理是集体协作劳动的共同需要，即“或多或少地需要指挥”；管理必然需要有管理者，管理协作的对象主要是组织及其成员；管理是执行生产总体运行所产生的各种职能；管理的职能主要是指挥和协调他人的活动，同时使管理者自己也处于管理活动之中，以取得成效；管理的目的是取得比“各个独立的运动”之和更大的效益。

管理活动的普遍性（指管理活动作为人类活动的一个重要方面）存在于各种组织机构中。管理活动中人是管理的主体，权力是管理系统赖以存在的基础，权力对人的活动的约束性使人们按一定的方式组织起来，以便实现系统的整体目标，也在一定程度上体现了权力在协调中的作用。协调或称调节是指调整或改善高等学校与校外及校内各部门或成员之间各方面的关系。就一个国家和地区来讲，把高等教育放到社会的大背景中，政府对高等教育的协调是使高等教育的层次、规模、结构、水平、质量、效益，与社会的政治、经济、文化的发展相适应，如果不相适应，就必须进行协调。就高等教育的组织——学校而言，它是高等教育系统中的子系统，学校组织的类型因区域的差别、体制的差别、机制的差异、管理者的差异等而不同，学校中存在着的矛盾是多种多样的，有总体目标与部分目标之间的、有长期规划与近期打算之间的、有整体利益与部门利益之间的、有组织利益与个人利益之间的，这些矛盾如果不加以协调和解决，就会影响高等教育系统的运行和发展，也会影响高等教育效益的最优化。高等教育的协调任务与高等教育管理的本质要求是一致的，体现了高等教育管理的基本矛盾和本质特征。

三、高等教育管理的行为

（一）管理行为

管理行为具有其特殊的表现形式，它是管理过程和效果的具体体现，过程和效果反映了管理活动的基本特征。要认识管理中的过程及效果，必须首先分析管理行为，以及这些行为与效果有什么关系。

管理方格理论是由罗伯特和穆登提出来的。基于人们对管理者的一种要求，即不仅要关心生产，而且要关心人的重要意义，他们巧妙地设计了一个方格图以醒目地表示这种“关心”。

他们把这种方格图作为训练主管人员和明确各种领导方式之间不同组合的手段。这种方格有两个维度，横向维度是“对生产的关心”，纵向维度是“对人的关心”。

“对生产的关心”一般是指对工作所持的态度，诸如政策决定的质量、程序与过程、研究的创造性、职能人员的服务质量、工作效率及产品质量等。

“对人的关心”也包括许多因素，诸如个人对实现目标所承担的责任、保持下属的自尊、建立在信任而非顺从基础上的职责、保持良好的工作环境，建立满意的人际关系等。管理方式主要有以下几种类型。

1. 贫乏的管理

管理者为完成工作和保持组织士气只付出最低限度的努力。这种管理者对职工、对生产关心很不够，只以最少的努力去完成应做的工作。这种管理方式是很少见的。

2. 权威与服从型的管理

管理者以几乎不考虑人的因素影响的方式安排工作，获取效率。管理者只关心生产，试图把人的因素降低到最低程度，以达到完成生产任务、提高效率的目的。

3. 乡村俱乐部管理

管理者全面地注意人们的需要，以达到友善和舒畅的组织气氛与工作进度。管理者非常注重职工的需要，注意建立良好的人际关系。采取这种管理方式的管理者认为，只要职工心情舒畅，就能搞好生产，因此，试图通过创造良好的工作环境、良好的人际关系来提高工作效率。

4. 协作管理

这是一种松散的管理模式，管理者是一种协作者的心态，工作由所委任的人完成，管理者与委托的人因在组织目标上有共同利害关系而互相依赖、互相信任和尊重，并且相互协作。

根据管理方格的概念，管理者可以对自己的行为做出评价。需要指出的是，“最好的”方式也只是理论上说的，使管理者都成为理论上的人也是困难的，每个管理者都应根据不同的环境和因素，选择不同的管理方式和管理行为。

（二）行为类型

在教育行政管理中，哈尔平等人总结出的管理的内容大致有两类：一类是创建组织机构的行为；另一类是体贴关心下属的行为。哈尔平的分类体系在西方教育行政管理中是很著名的。创建组织机构的行为是指管理者在建立自己与集体成员之间的关系时，所采取的行动主要包括管理者为让下属了解自己的意图和态度；与下属一起实验或实施自己的新想法和新计划；指定下属去完成某些特定的任务；对工作进行检查和评价；制定并推行某些标准、制度和规范；促进下属之间的相互合作；等等。体贴关心下属的行为是指管理者表示友谊、相互信任和尊重、支持、帮助及合作的行为，包括对下属表示理解与支持；愿意倾听下属的意见；关心下属的个人利益；尽量与下属讨论商量问题，让他们参与组织计划；平等公正地对待下属；乐意进行改革；及时将下属的建议付诸实施；等等。

（三）管理行为中的领导行为

高等教育管理活动中的领导行为是一种主要的管理行为。这种管理行为同样可以分为两类：创建组织机构的行为和体贴关心下属的行为。高等教育的领导行为所针对的组织系统、组织目标、组织成员、人际关系等都有自己的特殊性，与其他许多社会系统的情况有所不同。例如，在高等学校这一层次的管理中，管理者要全力完成的是教学与科研任务，二者又以人才的培养为核心。但是要搞好教学与科研工作，管理者还必须抓好有关的后勤配套工作，需要从各方面关心支持第一线的教学、科研人员。这就是上面所讲的两类领导行为。从理论上讲，管理者可以调整自己的行为，以适应某一特定的环境和任务。在实践中，管理者不能也不应该只关注某一类行为，而应当根据具体情况决定采取什么样的领导行为。当然，在这个时候，领导艺术是帮助管理者取得成功的必备条件。在宏观高等教育管理中，国家和地方政府对高等教育组织即高等学校的管理的其中一个措施，就是规范高等教育组织中领导的办学行为，使其既按照国家的政策规范办学，又要办出各自学校的特色，这既是矛盾的，又是统一的，最终的目标是一致的。具体来讲，在完成高等教育目标的过程中，各级领导者或管理者为实现目标而履行领导的职责时，其关注的行为主要有以下几种。

1. 行政领导者的行为

它主要包括各级领导者作为负责人行使领导职责时的行为。领导者的职责就是对目标的实现或目标的改变所需的集体活动进行激励、协调与指导。如果不能做到这一点，那就是对领导责任的放弃。对高等教育系统来说，系统的目标是非常明确的。一般来讲，在高等教育组织这一层面上，组织领导者的行为要对高等教育主管部门负责。各高等教育组织的领导者围绕着高等教育系统目标进行的活动，在形式和内容上各有特色，即使是同一专业、同一课程的教学活动，在各校之间也是不完全一样的，另外，由于各校的教师、学生在知识水平、能力结构、兴趣爱好、心理需要及性格特征等方面存在着明显的差异，各高等学校的领导者为完成组织目标而行使领导职责时，所面临的环境条件各不相同，所采取的领导行为当然也应是不相同的。

2. 组织集体中的领导行为

高等教育系统中的各级领导者，要为组织目标的顺利实现创造各种各样的条件。对于组织目标的顺利实现而言，组织集体中的领导行为包括直接行为和间接行为两个方面。直接行为包括：创建某些专门的组织机构和程序；指定专门的人去负责完成某项或某方面的工作；对下属的工作进行检查与督促；聘请某一方面的专家能人；等等。间接行为包括：不直接参与各类具体的计划，但对计划的制订及实施过程施加各种形式的影响，提倡某种领导风格、实施某种奖惩措施、颁布某类晋升标准等做法都会对各项具体工作的开展产生重大影响，虽然领导者尤其是高层领导者没有直接参与具体工作，其行为可能不会对某些特定的具体活动产生影响，但却对这些活动顺利开展并取得成功所依赖和借助的各种组织机构、过程和程序产生了影响。例如：各级政府中的教育行政领导，也许并不过问每所高等学校具体的教学和科研工作，但必须对高等学校培养人才的方向、规格、基本途径、办学思想等进行指导；大学校长也许并不一定过问某一门课程或某一堂课的具体教学活动及其效果，但他可以影响某个院（系）及教务部门在课程安排上的指导思想，影响该院（系）的课程计划或课程体系的目标，从而在某种形式上对各门课的教学活动及其效果产生一定的影响。有时候组织集体中的领导行为是无形的，有时候是起直接影响作用的，或者是干扰性作用的，因为领导者的影响行为是具有权威性的。所以，组织集体中的领导行为应该是分层的、积极的、适度的、有效的。所谓分层，就是指各级的领导行为是有区别的，下一级的领导者不能做上一级领导者的事，否则就是越级行为。领导行为的积极性是指领导行为对于组织的作用应是正面的，不要产生负面影响，否则，领导行为肯定是错误的行为。领导行为的适度是指不论哪一级领导者的行为都必须要有一个度，超过了这个度，可能适得其反。有效的领导行为对管理活动产生好的影响，有效的领导行为是与管理活动的结果相辅相成的，有效与否，应由结果来检验。

第三节　高等教育管理的属性

在社会活动中，为了与高等教育系统整体性相适应，高等教育管理具有两个基本目标：一是为使个体同整体相适应，用系统整体去整合各系统的个体，以实现系统整体的功能目标；二是为了实现系统效益的最大值，要求把具有一定功能行为的个体有机结合在一起，达到系统最大“结合力”的功能目标。只有同时实现这两个目标的综合，才能使系统整体功能大于系统中各分散个体功能之和。这是高等教育管理的系统属性。这两个目标的矛盾运动决定了高等教育管理具有两条基本规律。第一，高等教育管理的自然属性与社会属性趋于一致的规律。高等教育管理的自然属性具体表现为高等教育管理的普遍性，其社会属性具体表现为高等教育管理的历史继承性和为阶级服务的政治性。第二，高等教育管理的封闭性与开放性的矛盾统一的规律，这条规律也说明了高等教育管理具有封闭性与开放性。以下是笔者对高等教育管理属性的具体分析。

一、自然属性与社会属性

高等教育管理的自然属性主要表现在普遍性方面。高等教育的管理是一种社会活动，社会活动的有序进行需要管理，因此，高等教育管理是社会活动中普遍存在的一种管理现象。不论哪个国家，无论哪个历史时期，只要存在高等教育活动，就存在各种培养高级专门人才的活动，就有进行管理的必要。在当今社会中，高等教育已经成为国民的素质需求乃至消费需求，成为国家和民众的普遍需求，特别是在高等教育大众化的时代，高等教育管理已经成为一种普遍的专业管理。高等教育管理的共性方面，即高等教育管理在各个历史发展时期具有的明显共同点，这些共同点不因国家的政治、经济、文化等差异而有所改变，也不因历史时期的变化而消失。正是由于这种共同性，我国传统高等教育中的优秀部分应当被继承和发扬，例如，唐朝的高等学府在教学管理上制订了较详细的教学计划，规定了严格的考核制度，对放假、升级与退学等都有明确的规定。这些管理仍有其现实意义。与现代大学有历史渊源关系的欧洲中世纪大学，初期时就建立了包括文法学、哲学和医学等学院，这种校院制一直被后来的大学所采用，随着课程的发展，学习制度发展成最初的学位制，这种制度对以后的大学学位制度产生了深远的影响。例如，法学、哲学、医学等学科，都规定有不同的学习年限，学生需要学习若干门课程，还要实习讲授一定量的课程，才能申请学士、硕士和博士学位，之后，还要接受一次口试和辩论，经评审批准，才能戴上硕士帽、博士帽。现代大学申请硕士、博士学位程序同过去基本一样，只不过是在此基础上更加完善。这就是高等教育管理的“古为今用，洋为中用”。

高等教育管理在发展过程中所形成的特点和规律，成为高等教育活动中遵循的管理的一般原则，表现出它的共同性特点。另外，在高等教育管理的技术性方面，高等教育管理使用的技术和方法一般不受社会制度的影响，各国都可以相互学习先进的管理技术，如数学、经济学、计算机科学等，丰富了高等教育管理的内容，推动了高等教育管理的发展。

高等教育管理的社会属性具有两层含义。一是高等教育管理具有历史文化的继承性，即在人类创造历史的过程中，由于社会及自然环境不同所形成的各种地域文化，在高等教育管理活动中留下深深的烙印。这些“印记”在高等教育管理上表现为，具有同源文化的国家和地区，其高等教育管理思想和管理哲学具有很大的相似性，而非同源文化的国家和地区的高等教育管理思想和管理哲学就存在明显的差异。欧洲中世纪的高等教育管理受到神学、宗教及哲学的影响，致使其在管理思想和方法上都有浓厚的中世纪痕迹，反映出中世纪的宗教和神学文化。二是高等教育管理具有政治性。因为高等教育管理是与权力关系联系在一起的，高等教育的体制和有些制度、政策总是社会制度和政策的一部分，是为一定的政治服务的。在阶级社会里，管理者与被管理者之间一般表现为阶级关系。在社会主义社会里，人民群众是社会和国家的“主人”，社会主义国家的管理者包括高等教育管理者，是为人民办事的“公仆”，而不是骑在人民头上的“老爷”，如果发生“公仆”转变为“主人”的现象，就意味着管理的性质发生改变了。所以，有人不太认同高等教育管理具有这样的社会属性，高等教育管理的社会性好像是把管理的自然属性社会化了，这种想法是片面的。作为高等教育的管理者，特别是高级的、高层次的管理者，一定要懂得管理的社会属性，并且要搞清楚管理的社会属性表现在哪些方面。在管理活动中如何恰如其分地处理好社会属性的问题，是当前高等教育管理者必须懂得的问题。高等教育管理的社会属性的认识的淡化是很危险的，有的人甚至不承认社会属性则更可怕，这是高等教育的民族性、国家性的根本问题。

自然属性与社会属性是高等教育管理活动本身所具有的两种属性，两者处于矛盾统一体之中。高等教育管理的两个目标规定了高等教育管理两种属性是一对相对统一的矛盾。同时，高等教育管理的两种属性又统一于高等教育管理计划、组织、领导和控制等管理环节上，从根本上来看，统一于高等教育管理的效益上。没有社会属性，没有维持系统整体特性的功能目标，就不会有产生最大“结合力”的需要，高等教育管理的自然属性就失去了存在的基础而无从实现它的自身价值。而离开了自然属性，高等教育管理的社会属性也不可能体现出来，它的社会价值目标也不可能实现。

二、封闭性与开放性

高等教育管理的封闭性是指在高等教育管理过程中，根据高等教育管理的特殊矛盾而在高等教育系统内部自我运转和良性循环的性能；高等教育管理的开放性是指在高等教育管理过程中，根据高等教育管理的特殊矛盾而在高等教育系统与外界环境相互关系中，实现物质、能量、信息交换的性能。就高等教育管理的封闭性而言，在高等教育系统内，无论进行哪种高等教育管理工作的一个首要的前提就是在一个相对独立、完整的高等教育系统内部，按照高等教育系统的特定目标而进行优化组合，即在高等教育系统的“投入—加工—产出”的过程中构成一个相对封闭的系统。没有相对的封闭性，高等教育系统就没有相对稳定的环境，任何对高等教育系统的分析及高等教育管理活动过程都不可能按照自己的独特方式运行。这种相对封闭性是一种客观的存在，是更好地进行高等教育管理的必然要求。当然，完全封闭的高等教育系统是不存在的，因为完全封闭就意味着与环境不进行任何物质、能量、信息的交换，这样的高等教育系统必然会逐渐消亡。因此，这就是高等教育系统和高等教育管理既具有封闭性又具有相对性的原因。现代社会中，任何一个系统都不可能是封闭的，封闭是相对的。就高等教育管理的开放性而言，高等教育系统受外界环境的制约和影响，只有开放才能获取更多的信息资源和物质资源，才能进入社会大系统中不断发展。纵观我国高等教育的改革与发展、我国高等教育管理现代化进程的不断加快离不开开放，我国高等教育管理的很多思想与观念就是因为通过改革开放得到启发，并通过进一步完善而形成的，很多技术与方法是在国际高等教育的大背景下开发与形成的，现代高等教育管理的进程没有国际化的开放是不行的。

故步自封、关门主义会使高等教育系统独立于社会大系统之外。现代社会大生产催生了科学教育的迅猛发展，科学教育的内容、科学教育的方法，无不是来自于社会的，封闭已经是不可能了。那么，领导者或管理者首先要开放管理思想，要引入先进的管理思想和方法，但不能改变高等教育管理的本质，这既是开放性的基本原则，又是封闭性和开放性的矛盾统一的需求点。高等教育管理的封闭性与开放性的矛盾在于：如果片面强调高等教育管理的封闭性，为高等教育系统的“存在”花费过多的人力、物力和财力，就会影响系统的外延发展，失去取得更大效益的机会；如果片面强调高等教育管理的开放性，过分注意高等教育系统效益的最优化，而忽视甚至否定高等教育管理的相对封闭性，就会破坏高等教育系统自身，将导致高等教育系统的紊乱和能量的消耗，最终将导致系统“存在”基础的动摇。

无论是高等教育管理的封闭性还是高等教育管理的开放性，其目的都是使高等教育系统的生存和健康发展得到保证，具体表现在统一高等教育管理的诸环节上。例如：通过高等教育计划，在解决高等教育系统与环境矛盾中使封闭性与开放性统一起来；通过高等教育控制，在解决高等教育系统既定目的与实施中偏离目的的矛盾中使封闭性和开放性统一起来。这里要明确的是，高等教育要向世界开放，汲取世界上先进的管理经验，包括一些先进的管理制度；要向其他行业开放，走开放办学的道路，特别是在市场经济体制下，现代企业管理的先进理念和方法尤其值得高等教育管理借鉴。

高等教育管理的自然属性与社会属性的两重性是领导者或管理者要充分认识清楚的。两重性规律是以高等教育系统中一切有目的的活动为基础的。高等教育管理活动中的两重性规律揭示的是高等教育管理固有的自然属性和社会属性、封闭性和开放性及其相互联系，这种联系是由高等教育管理的整体功能目标和结合功能两个目标的矛盾运动所规定的，事实上，两重性从整体上反映了高等教育管理的特殊矛盾。因此，管理属性要素之间的联系是必然的。

总之，高等教育管理的自然属性与社会属性、封闭性与开放性，以及它们的规律在高等教育管理过程中是共同存在、相对稳定的，是高等教育管理本质的反映，是高等教育管理的基本规律。

第四节　高等教育管理的特点

显而易见，事物之间的区别就在于它的特殊性。了解并掌握了高等教育管理的特点，领导者或管理者就能遵循它的本质规律，有针对性地协调管理活动中的各种矛盾，有效地进行各种管理活动。

一、高等教育管理目标的特殊性

高等教育系统目标的特殊性决定了高等教育管理目标的特殊性。高等教育系统的主要目标是根据高等教育的功能来确定的，因此，对管理的功能与目标相应地提出了它的特定要求。高等教育管理的功能就是要通过计划、组织、协调、控制等使高等教育更加符合社会发展的要求，符合社会生产力的要求，这种要求表现在教育的层次、结构、规模、质量等方面。另外，在微观方面，高等教育管理要使组织中的每个成员按高等教育规律办事，更好地完成既定的目标。高等教育系统的目标是根据高等教育规律和社会发展对高等教育的需求来制定的，所以，高等教育系统的协调活动也应该以高等教育的规律为指导，而不能简单地照抄企业管理中的某些方式方法。从这个意义上来说，高等教育的微观管理是以更好地培养人才并且着眼于提高人才的质量为根本目标的管理活动，它不能、也无法以只追求经济效益为目标（更不能以只追求利润为目的）。在市场经济体制下，高等教育要不要考虑经济效益的问题，一直以来都是政府行政管理部门和管理者闭口不谈的问题，好像一谈经济效益就乱，就偏离了教育方向，而不谈经济效益，高等教育就会很难发展下去，因为在市场经济体制下没有不讲经济效益的组织，没有不讲经济效益的管理活动。与行政管理、企业管理等其他管理所不同的是，如何将社会效益和经济效益有机结合，纳入高等教育管理的目标中，正确地处理好社会效益与经济效益的关系，是高等教育管理者值得研究的，这也正反映了高等教育管理目标的特殊性。

高等教育系统是由有关教育行政机关和各级各类高等学校所组成的系统，它的结构与功能与其他社会系统有所不同。高等教育在同其他社会系统进行物质、能量和信息交换的过程中，在为社会提供精神产品的同时，也提供物资产品，这种物资产品表现在劳动力方面、科学技术成果方面、现代文明与文化产品方面，也可能形成工业产品。高等教育系统是最具创造力的社会系统，通过各成员、各要素主观能动性的发挥，可以最大限度地实现"系统大于部分功能之和的效果"。但反过来，如果教育者及教育资源中的人的主观能动性发挥得不好，比其他任何社会系统都更有可能制约生产力的发展。所以，高等教育管理者要充分认识到这两大功能的特殊性，并注意将此二者有机地结合起来，用凝聚力推进整体的结合力，用系统的发展加强整体的凝聚力。

二、高等教育管理资源的特殊性

高等教育资源是指整个社会用于教育领域中的人力、物力和财力及知识产品、文化产品等的总和。不论是宏观高等教育管理还是微观高等教育管理，高等教育管理资源要素的特殊性具体表现在以下三个方面。第一，高等教育管理者是由一群高级知识分子组成的特殊的群体，组织及其成员的特殊性就造成了要素的特殊性。从高等教育管理的主体和客体来看，即从管理者和被管理者两个方面来看，组成高等教育管理的客体之一是教师，是创造和掌握专门知识的群体。因此，对他们的管理要符合这一群体的心理活动和以个人脑力劳动为主的集体性活动的特征。另外一个高等教育管理的客体之一是学生，是一群 18 岁以上、受过完全中等教育的青年，对他们的管理和协调方式要符合他们身心发展阶段的特殊性。正是由于高等教育管理客体的特殊性，管理中存在着一种特殊的管理现象，这种现象强调和要求自我管理。应该说，自我管理是任何管理中都存在的一种现象，但是，在高等教育管理中，自我管理尤为重要，它是一种身心和智力发展的自我管理，教师和学生需要培养和提高自我管理、自我组织、自我发展的能力。被管理者是高等教育管理要素最重要的特点。第二，教育资金与经费的管理是一项复杂的工作，因为教育资金与经费的用途是复杂的，有时候还不能用绝对的量化管理来处理，有时候投入产出并不能在短期内就见到成效，经济回报率可能很低。这就是高等教育的资金与经费管理有别于企业管理、行政管理、经济管理等的特殊性。另外，来自政府、学生家长、学校自身和社会的多方融资构成了教育的特殊性，这就决定了高等教育资源的特殊性。第三，教学与科研的物资设备的管理特殊性表现在这些物资设备不完全是生产性资源，而是建立在教学科研功能上的，是为了完成教育教学实验实习、科学研究开发等，它不仅仅是一套设备，而是一个个教学实验和科学研究的基本平台。

三、高等教育管理活动的特殊性

从宏观高等教育管理来看，高等教育事业具有很强的战略性、前瞻性。高等教育的管理活动整体的发展规划关乎长远的社会民生问题，需要许多专家系统地来完成，管理活动的内容涉及民族文化、区域经济、人口发展、科学技术水平、社会环境等，这体现出教育管理活动的特殊性。从微观高等教育管理来看，高等教育管理活动的特殊性体现在高等教育组织管理的活动中，最主要的特点之一就是要协调学术目标与其他目标之间的矛盾。学术目标是一种高智力投入和高智力劳动的追求，除了个体的高智力劳动外，同时还强调高智力劳动的结合、高智力劳动者的团结协作。高等教育系统的主导性活动是传授知识、创造知识，高等教育所培养的各类专门人才和高等学校所提供的各种科技成果主要是通过学术水平和应用价值的高低来衡量的，管理活动的学术性十分强，而这种学术性不可以用一般行政性的方法进行管理。因此，高等教育管理活动一定要重视学术性，使管理目标与学术目标相符合。高等学校师生是一个特殊的群体，在完成教学目标和管理目标的过程中，师生应参与具体的教学管理活动，要达到双边认知一致，教学民主就显得更加重要。大学教职工是高等教育管理能动的力量，是实现高等教育管理目标的智慧源泉，要发挥他们的智慧和力量，学术自由是高等教育管理必须考虑的问题。在高等教育系统中实行学术民主将激发师生员工极大的能动作用，使他们受到鼓舞，在学术自由这个平台上施展自己的才华，在学校的管理活动中真正成为中坚力量。

第五节　高等教育管理中的几对矛盾分析

高等教育管理的两条基本规律从根本上反映了高等教育管理的特殊矛盾，即高等教育系统投入资源的有限性与实现既定的高等教育系统目的之间的矛盾。围绕这一特殊矛盾展开的高等教育管理活动还会出现新的矛盾，存在一系列反映高等教育管理活动中各种因素的对立统一关系的矛盾，它们是高等教育管理规律不同形式的体现，是高等教育管理规律和高等教育管理活动中各种因素相互作用的交错点。这些矛盾虽各有自己的特殊内容，但又都反映着高等教育管理的本质，是人们理解高等教育管理活动中各种复杂关系相互作用的关键，它们指导着人们认识这些矛盾运动及发展，并最终指导着高等教育管理的实践。下面笔者就对高等教育管理中的主要几对矛盾进行简要分析。

一、集权与分权的矛盾

协调中的矛盾焦点之一就是权力，权力和利益是协调中的核心问题。从国家层面来讲，高等教育管理中的集权是指由国家统一管理高等教育，把高等教育的管理权力集中在中央的一种管理模式，它起着缩小下级高等教育权力机关权限的作用，是进行统一管理、统一指挥的主要手段。高等教育集权的范围很广泛，如计划、招生、学位、毕业、经费、分配、人事、外事等，其途径一般是规定下级组织裁决问题范围的一般标准，即规定该管什么、不该管什么，哪些事是可以自己做主的、哪些事是须报上级批准后再做的，等等。分权就是分散权力，是指高等教育的上级管理部门将某些范围的权力下放给下级管理部门，使下级管理部门具有更大的决策和管理的自主权。我国高等教育的集权和分权主要涉及两个方面的关系：中央和地方的关系；政府与学校的关系。

（一）集权和分权各有利弊

集权的优点是可以在一定程度上保证决策的权威性。实行高等教育管理集权可以根据国家和社会发展的需要对全国高等教育实行统一规划、统一领导，以保证高等教育与国家政策、社会政治经济环境的协调发展，满足国家对高等教育的需求；其缺点是容易出现统得过多、管得过死的弊端，不能灵活适应多变的社会环境，不能很好地调动地方、部门办学的积极性，也不能激发高等学校办学的积极性和主动性；分权的优点是可以使高等教育管理的上级部门减轻工作负担，使其从具体事务的包围中解放出来，而更专心地从事统率全局的工作，可以使高等教育组织系统的各级部门都负有一定的责任，不会使其感到无所作为，从而发挥其办学的积极性和主动性；其缺点是容易发生宏观失控的问题，地方和部门盲目发展高等教育，造成部门分割、条块分离的局面，学校不规范办学，等等，从而影响办学效益和教育质量。因此，在高等教育管理过程中，从管理的体制上国家要把握好集权和分权的度。过度集权意味着什么都管，上级大包大揽，还会扼杀下级工作的积极性和主动性；过度分权，下级什么事都不管，则会使上级对下级失去控制，谁也管不了谁。一般来说，把握集权和分权的度应从管理问题的性质上去考虑。凡是带有全局性、根本性、长远性的战略问题，应尽可能地使其协调、集中和统一，上级要指挥下级，下级必须报告上级，以达到令行禁止的目的；集中要有一定的度，上级应让下级对一般事务和问题拥有相当的权力，使之能按变化的具体情况独立决策。总之，集权和分权的度应遵循国家宏观调控下的学校自主办学的原则，使之在不断的相互补充过程中发挥作用。同时，为了使责权分明，各级机构的管理权力必须通过法律的手段予以确定，使各级机构执行起来做到有法可依。

（二）集权和分权的转化

集权和分权的转化有两种形式。一是被动转化，即在过度集权的管理或过度分权的管理有碍高等教育管理活动的情况下，由过度集权向分权或由过度分权向集权转化。目前，世界上许多国家高等教育管理都存在着这种转化的趋势。例如，美国正在由过度分权的高等教育管理向适度集权的方向转化，我国则正从过度集权向适度分权的高等教育管理体制的方向演变。二是主动转化，即在出现管理体制可能有碍于管理实践发展的问题之前就注意调整集权与分权的关系，在动态中把握二者变化的度，以消除由于二者的不平衡所造成的损失，从而保证整个高等教育系统健康、协调地发展。但从集权和分权的关系看，二者的平衡或适度、不平衡或过度现象则会经常出现交替的状况。由于高等教育管理活动的复杂性，国家很难十分恰当地把握集权和分权的度，二者的地位也会不断转化。

二、个人与组织的矛盾

高等教育系统是以人为主体而构成的社会系统，这个系统中的人是指在高等教育活动中具有自己的意志、利益和行为的人，包括具体的高等教育的行政管理人员、教师、学生、教辅人员、服务人员等，他们首先是以个人的形式存在于高等教育系统中，其中每个人都有自己的思想和感情，都有自己的需要和利益，都有自己的行为和活动。在高等教育管理活动中，这些人可分为管理者与被管理者，虽然这种划分是相对的，因为每个人在高等教育管理中的身份可能是双重的，既可能是管理者又可能是被管理者，这是由管理的层次所决定的，每个人虽有差别，但都是组织中的一个成员，不能离开一定的组织而存在。高等教育系统中的组织是由具有共同的高等教育目标和相互协作关系的若干个人结合而成的一个实体，它既可能是一个行政的组织，也可能是一个学术的组织。共同的高等教育目标使得具体的教师、学生、管理人员等个人结合在一起，而他们的相互协作又为高等教育目标的实现提供了保证。在高等教育管理中，个人和组织既有对立的一面，又有统一的一面，二者所构成的矛盾从本质上说是利益与责任、需要与满足需要的矛盾在高等教育管理活动中的反映。

个人和组织对立的一面主要反映在以下两个方面。第一，组织利益高于个人利益。个人利益不等同于组织利益，组织利益是个人利益的总括和集中表现，高于个人利益。在高等教育系统中，每一个高等教育组织的利益最终都要通过高质、高量地出人才、出成果和为社会服务来体现，而每个人的利益则可能千差万别，其中既有与组织利益一致的，也有与组织利益不一致、甚至相矛盾的。第二，高等教育组织的功能是组织内所有个人功能变化了的一种新质的功能。高等教育组织通过其内在的结构和活动可以产生个人活动所不能产生的新结果。仅就培养一个人而言，它是通过许多个教师的辛勤教育，通过许多个管理者的活动，多个服务人员的努力劳动，学生个人的勤奋学习而实现的。因此，组织力量不是组织内所有个人力量的简单算术和，而是一种大于这个算术和的力量。任何个人要想有所作为，必须依靠高等教育组织。

实际上，高等教育管理中个人与组织对立的一面是有限的、次要的，它们之间统一的一面才是主要的。高等教育管理中个人与组织之间的统一主要表现在高等教育组织中任何个人都无法脱离高等教育组织而存在，教师、学生、管理人员因具有一定的功能而成为高等教育组织中的一员，而这种功能的发挥也有赖于高等教育的组织，没有高等教育组织，这些功能不能得以很好地发挥，也不能把每个人的功能综合为高等教育的整体功能。高等教育组织也离不开个人，个人是构成高等教育组织这一实体的最小单位。高等教育组织中没有教师、学生、管理人员是不可想象的。高等教育每一个组织中的人数有多有少，这与组织的任务有关。人数的多少各有利弊，但更多地取决于管理的水平和性质。高等教育组织中个人利益与组织利益是紧密联系在一起的，利益是标志人的物质和精神需要能否得到满足及满足程度的范畴，高等教育组织中个人的文化知识层次各不相同，甚至差异较大，既有高层次的知识分子，也有一般的员工，还有即将进入社会的莘莘学子，其需要各不相同，利益也各异。利益在高等教育活动中体现着个人和组织同精神文化生产活动的关系、同人才培养活动的关系，但更重要的是，它体现着个人同组织之间的关系。高等教育组织利益是组织内全体成员个人利益的升华，它同成员的个人利益是一致的，组织的整体利益来源于成员的个人利益。如果用组织利益与个人利益对立的观念来指导管理活动，必然会挫伤广大教职员工的积极性。这就要求管理者在管理过程中，在维护组织整体利益的同时要保护成员个人利益，努力满足个人的正当合理的需要，营造一种积极向上、团结一致、同甘共苦的组织氛围。不同的个人为满足各自的需要而进行协作，在各有差别的个人利益之上，建立起代表成员利益的组织整体利益，于是个人利益同组织利益紧密联系在了一起，当整体利益实现的时候，做出贡献的个人利益也会得到满足。

总之，在高等教育管理活动中，管理者要兼顾组织利益和个人利益，把二者很好地结合起来，使其相得益彰，以促进高等教育系统的健康发展。

三、稳定与改革的矛盾

稳定标志着高等教育管理活动的相对常态，是由高等教育系统运行相对稳定性所决定的。高等教育系统的相对稳定性使得高等教育系统在一定程度上依赖于自身的规律，按照其内在的逻辑发展所表现出相对的稳定性。例如，高等教育管理的目标、模式、原则等需要具有相对稳定性，否则，高等教育管理活动就无法正常进行，学者也无法对管理要素和管理过程进行研究。但高等教育管理活动的相对稳定是有条件的、暂时的。首先，当人们说某些要素处于稳定状态时，是相对于一定的管理系统和时间、地点、空间而言的。例如，在某一所高等学校中，校长作为一所学校的最高管理者与学校其他被管理者的划分是相对的，这个特定的高等学校子系统进入整个高等教育大系统后，情况就会发生变化。其次，稳定包含着高等教育管理活动中的量变。当高等教育管理过程中某一阶段或某一体制没有发生质变仍保持其自身的性质时，就可以说它是相对稳定的。但同时，它们在性质不变的情况下仍有量的变化。例如：计划过程在没有向组织过程发生变化之前，计划过程发生着由目标向预测、决策方面的变化，这种变化并没有改变计划过程的性质，所以它是稳定的；在我国高等教育管理体制由高度集中的计划管理体制向以市场为导向的管理体制发生变化之前，虽然其内部也在发生各种变化，但仍可以说计划管理体制是相对稳定的。

改革标志着高等教育管理活动中的质变，其实质可以被看作对未来的反应，它是由高等教育系统的开放性所决定的。高等教育系统的开放性决定了高等教育管理活动要不断地适应外界的变化，包括根据外界环境的变化制定新目标、新政策，转变原有的管理模式和管理体制，赋予过去的教育以新的职能，等等。例如：随着高等学校职能由教学、科研向社会服务的延伸，高等教育管理的范畴也将延伸。高等教育管理者不仅要进行教学、科研管理，而且要对高等学校的社会服务活动进行管理，包括对科学技术成果及产品的推广、多种咨询服务、相关产业活动等管理。这就使得管理活动的内容发生了部分质的变化。因为，科技成果推广、产业活动管理，无论在内容上，还是在形式上都与教学截然不同。随着我国经济体制由计划经济体制向社会主义市场经济体制转变，高等教育管理体制也正经历着由高度集中统一的、以行政手段直接干预的管理体制向统一领导、分级管理、以宏观调控手段间接干预为主的管理体制转变。这是高等教育管理体制为适应经济体制的变化而进行的改革，是高等教育管理体制发生的一种根本性变化。

在高等教育管理中，稳定和改革是辩证统一的。首先，稳定和改革相互包含、相互渗透。高等教育管理体制的改革标志着管理体制全面的、根本性的变化。在这种变化发生之前，管理活动虽然处于一个相当稳定的状态，但局部的改革总是不断地在进行着。例如，新中国成立以来，在实施相对稳定、高度集中统一的高等教育管理体制的过程中，其体制内部的局部性改革一直没有停止过，但所有改革都是偏重于体制自身而进行的，并没有冲破管理体制。高等教育管理过程的稳定性标志着人们对高等教育管理活动中计划、组织、协调、控制过程的充分认识和把握，但在任何一个具体的管理过程中，改革也无时不在进行，如调整目标、变化组织、改变领导方式等。同时每一个过程的实施也意味着对其他过程的改革，如控制过程对计划过程的反馈、修正等，这实际上也是一种改革。改革本身就是动态管理的基本特征，要根据客观条件的变化，及时改革一切不适应系统发展的弊端。所以，稳定中有改革的因素。此外，改革中也有稳定的因素，改革本身也是一个过程，改革也有一定的步骤和阶段。改革中推行的政策、体制、模式，改革中采取的措施都需要一定的稳定，以便于观察、评价，最终形成新的稳定状态。其次，稳定和改革具有相互转化的趋势。高等教育管理体制的相对稳定，高等教育管理过程的相对稳定，使整个高等教育管理活动在一定时期内保持着相对平稳的状态，高等教育系统按其内在发展逻辑运转着，但这并不是说高等教育系统会按照惯性永久地、持续地、自发地运转下去。其实，在平稳的背后时时产生着各种各样的矛盾，当这些矛盾积聚到一定的程度时，改革就不可避免地发生了。如果改革冲破了旧的体制，建立起新的体制，发生了质的变革，重新与外界的环境、与高等教育系统发展相适应，从而又进入了一种新的稳定状态。总之，稳定—改革—稳定的转变过程，预示着高等教育管理活动不断由低级向高级发展，保证了高等教育系统的健康运转，如果这种转变过程的结果不是发展，不是前进，那么，这种变革就是错误的，甚至是失败的。

四、社会效益与经济效益的矛盾

在市场经济体制下，高等教育的经济效益是存在的，是一个不争的客观事实，不能回避，但是，也不能进行强化，而应把对经济效益的认识界定在一个比较合适的地位。从高等教育系统内部来看，经济效益可以指单位时间内高等教育培养出来的人才的数量和质量与成本（各种资源的消耗）之间的关系；从高等教育系统外部来看，经济效益可以指高等教育培养出来的人才为社会经济发展所创造的财富的多少。但是，高等教育系统在整个社会系统中主要归结为非物质生产部门，其实，如果过多地强调它的社会物资服务性的话，高等学校组织就不仅仅是非物质生产部门了。然而，如果确立它的物资生产的地位，而其经济效益不如物质生产与流通领域那么明显，因此，可以这样认为，高等教育系统可以产生经济效益，但主要是产生大量的社会效益。

高等教育的社会效益是指高等教育活动对整个社会系统整体的、长期的影响。这种影响既包括对经济发展的影响，也包括对社会政治、文化、科技、人口素质等诸方面发展的影响。因为高等教育是培养高级专门人才的活动，而各种社会活动的主体都是人，受过高等教育的人对社会活动的影响更为巨大而深远。此外，科学技术是生产力发展的决定性因素，也是社会发展的关键性因素。高等教育不仅使人掌握更高水平的科学技术，而且要发展科学技术，人与科学技术结合是社会进步的决定性因素之一。同时，高等教育的目的在于使人在认识、改造自然的过程中不断完善人类自身。这些都说明高等教育会产生重要的社会效益。

在高等教育管理中，社会效益与经济效益是辩证统一的。首先，社会效益包含了经济效益，不能完全脱离经济效益来谈社会效益。高等学校在管理过程中，必须注重经济效益，尤其是在资源有限的情况下要加强成本管理，提高经济效益，从而保证更好地实现社会效益。其次，社会效益与经济效益相互促进。在高等教育管理中，办学效益的提高最终应主要体现在社会效益上，但社会效益与经济效益是相互联系、相互促进的，良好的经济效益是社会效益好的重要指标，也为社会效益的提高提供了保证；而好的社会效益也为经济效益的进一步提高创造了前提。在高等教育管理中，社会效益是一种长期的行为，而经济效益可能更多地表现为短期行为，高等学校必须把这种短期行为变为长期行为目标中的一个环节，从提高社会效益这一角度来追求合理的经济效益。

第六节　高等教育管理中的冲突与解决方法

一、高等教育管理中的冲突

（一）冲突的概念

冲突是指由于工作群体或个人试图满足自身需要而使其他工作群体或个人受到挫折的社会心理现象。冲突表现为双方的观点、需要、欲望、利益或要求不相容而引起激烈斗争。冲突是人类社会的一种普遍现象，它会产生有利和有害两种结果。从有利的方面来看，冲突的解决能促进组织的发展，可以增强组织成员的干劲，形成一种激励力量，它还能促进组织成员的交流，诱发其创新。从有害的方面来看，冲突使人产生情绪压力，影响人的身心健康，剧烈冲突带来的破坏作用会浪费资源，不及时解决冲突会影响组织运转，不利于组织目标的实现。因此，探讨冲突产生的根源及其解决途径和方法是必要的。

（二）冲突的类型

一般来说，集体组织成员中总是存在许多不一致，其中，某些不一致可能上升为矛盾，这些矛盾关系中比较激烈的便会转变为明显或不明显的冲突。冲突一般分为三种类型。第一类是认知性冲突。由信息因素、知识因素、价值观因素等引起的冲突都属于认知性冲突。这类冲突随着双方认识趋于一致就能得到缓和与解决。第二类是感情性冲突。这是一类由非理性因素引起并为这种非理性因素所控制的冲突，也可能是由认知性因素所诱发，最后为非理性因素所支配的冲突。个性相抵是这种冲突最常见的诱因，它持续时间长，破坏性大。第三类是利益性冲突。这是一类由本位因素引起的目标冲突。社会中的个人和群体在处理问题时所关心的利益不同，从本位出发就可能引发矛盾和冲突，伴随利益的再分配，这种冲突可以得到解决。

（三）产生冲突的原因

在日常的社会活动中，随处存在可能导致冲突的根源，一旦有了起因，这种潜在的冲突随时就会转变为现实的冲突。产生冲突的原因一般有以下几个。

①人的“个性”。从人的本性上讲，不满情绪积累到一定程度就会形成冲突，此时，人需要适度地发泄不满情绪。

②对有限的资源的争夺。一所高等学校的资源总是有限的，而需要却是无限的，为争夺有限的资源而产生的冲突在所难免。

③价值观和利益的冲突。有不同经历的人的价值观容易形成冲突，部门和个人都可能因利益而形成冲突。

④角色冲突。由于个人和群体所承担的角色不同，而不同的角色都有其特定的任务和职责，从而产生了不同的需要和利益，因而发生冲突。

⑤追逐权力。对权力的争夺也是常见的产生冲突的原因。

⑥职责规范不清。不清楚的职责规范会导致对任务的要求产生冲突。

⑦组织的变动。组织的变动会导致利益的重新组合而产生冲突。

⑧组织风气不佳。如领导的矛盾和派系“传染”给整个组织而形成冲突。

二、冲突的解决方法

单从冲突的结果无外乎有三种可能：一胜一败、两败俱伤、两者全胜。显然前两种结果都不是理想的结果，这些结果往往会导致第二次更大的冲突，管理者应尽量避免这两种结果的出现。第三种结果是在双方都较满意的基础上解决冲突而得到的，这就需要很好地进行协调与解决。冲突的解决方法主要包括以下几种。

（一）认知性冲突的解决方法

在高等教育系统中，从宏观方面来讲，对于高等教育如何适应国家政治、经济、文化的发展，每一个发展时期如何规划，区域高等教育的发展、高等教育发展速度的快慢、高等教育的科类层次结构等问题，不同的决策者及管理者有不同的意见，甚至会产生矛盾。在微观高等教育管理中，学校教育都是非常具体的管理活动，不同的决策者和管理者对于学校如何定位及如何发展、如何运用学校有效的教育资源、培养目标、课程设置、培养计划的拟定和实施，教学与科研活动的具体展开、各项工作的总结评价等问题都可能出现一些不一致的现象和矛盾，甚至会形成明显的冲突。一般来讲，解决这类认知性冲突的方法主要包括：增加交换看法、进行交流协商的机会，消除可能由于误会与信息不全所导致的认识上的不一致；进行“和平谈判”，把对各种原因和结果的认识都拿到桌面上来；提供学习机会，提高大学组织内成员的认识能力和观念水平，不仅冲突双方，而且冲突涉及的其他各方，都需要提高自身的认识水平；调整或改善组织内部的有关结构，使各种不一致、矛盾和冲突能够最大限度地被比较完善的组织结构和人员组合所“稀释”和“化解”；用超然的态度承认并超越某种冲突；等等。其中，最好的方法是在学习和研究的基础上，冲突各方应开展对高等教育的教育思想、教育观念的大讨论，进行认知交流、认知融化，消除和化解形成矛盾和冲突的原因，使组织成员和冲突各方在观点上达成一致。

（二）感情性冲突的解决方法

这是一种非理性的冲突，主要存在于微观高等教育管理的活动中，带有个人的情感色彩。产生冲突的原因可能是一些微不足道的小事，也可能是不同的性格、爱好，甚至可能找不到“原因”。在高等教育管理系统中，解决这类冲突的方法包括：通过提高成员的心理素质，使其具有能够承受一定的情感冲突的能力；提高成员认识水平，使其认识到冲突的原因是微不足道的，使其认识到冲突的结果可能会产生严重后果；施行合理而公正的奖惩手段，坚持规章制度的原则性，对于坚持感情办事而导致不良后果的成员，做出制度上的处理；进行感情牵引，引导成员感情向有益的方向发展，例如，完善和改进目标管理，把成员的注意力集中到实现高等教育目标上来；对于某些历史性的感情冲突，最好的解决办法也许是让时间这位“老人”来协调解决，因为时间可以抚平某些感情创伤，并教会人们许多书本上没有的道理。

（三）利益性冲突的解决方法

利益性冲突有一种特征：如果利益的消长或损益幅度不超过某一程度，那么这种冲突不可怕，对集体的凝聚力和组织目标没有太大的影响或破坏作用；如果超过了某一较高程度，就会导致整个组织或系统的瓦解与毁灭。因此，需要解决并能够解决的利益性冲突基本上都是处于上述两者之间的利益性冲突。利益性冲突是冲突各方在各自追求最大利益的过程中构成的冲突。利益性冲突所围绕的中心就是利益，而利益在不同人的眼中是不一致的。一般来说，出现冲突时，组织中可能存在无数个个体利益或自身利益，也可能存在多个不同规模的共同利益，但最大的共同利益只有一个，对于作为利益代表的个体或群体来说，他们的自身利益也只有一个最大值，共同利益和自身利益的最大值分别是“共利最优解”和“自利最优解”。解决利益冲突的关键在于如何进行利益的重新分配。如果借用函数求解的方式，当代表多方利益的曲线处于同一坐标系时，就不难找到共利最优解，但要把共利最优解和自利最优解结合起来就不容易了。寻找各方的自利最优解和共利最优解，实际上是一个人对利益的产生和形成的分析过程，而要使自利最优解和共利最优解取得一致，则不仅是一个分析过程，而且是一个策略的实施过程。另外，这两个最优解也不是一成不变的，它们会因环境变量的改变而发生变化。因此，利益性冲突的解决是一个因地制宜的过程。在高等教育系统中，各子系统，甚至更小的群体和个人，都有自己的切身利益。他们在实现系统目标的过程中也同样追求自己的切身利益。例如，高等学校教师在进行教学科研工作时，一方面在完成高等教育的任务；另一方面也在追求自身的利益——职务的晋升和自我价值的实现。这里，职务晋升就是引起冲突的原因之一，特别是当候选人远远多于晋升名额时，冲突就异常激烈，如何设计出公平合理的晋升方案就是解决冲突的关键。此外，人员任免、经费分配、改革方案实施等方面，同样存在着各种利益性冲突。如果高等学校管理者忽视这些矛盾和冲突，尤其是利益上的矛盾和冲突，要想调动全体教职工的积极性，充分发挥他们的创造性，就可能成为一句空话。利益性冲突的解决方法有两个：一是通过政策法规来约束，明确整体与局部利益、局部与局部利益、组织与组织利益、个人与组织利益、个人与个人利益的关系，公平公正地解决这些利益性冲突；二是注意加强思想政治工作，把物质奖励和精神鼓励结合起来，处理好国家、集体、个人三者之间的关系。

总之，领导者或管理者要充分认识高等教育系统中存在的矛盾运动的规律，特别是在微观高等教育管理中，要按照矛盾运动规律来解决这些问题。具体来讲，个人与个人之间的冲突主要表现在工资福利、提级晋升、表彰奖励、教育经费分配及学术观点等方面，此时领导者或管理者应遵循公正、平等的原则。在个人与整体的矛盾方面，领导者或管理者要使系统整体目标与个人的目标相一致，当两者一致时，个人目标可以通过整体目标的实现来达成，整体目标的实现是个人目标得以实现的前提条件。从宏观方面来讲，系统与环境之间的矛盾表现为对高等教育投资少与实现高等教育系统目标、政府包揽过多与高等学校缺乏办学自主权等方面的矛盾，这些矛盾应该也只能通过政策、体制得到解决。

但是，高等教育系统的矛盾是有机地联系在一起的，每一个矛盾系列的解决都关系到其他矛盾系列的解决。因此，在高等教育管理活动中，领导者或管理者要从整体出发去解决高等教育系统所存在的矛盾，即进行系统的、科学的管理。如果不从整体的角度去处理系统内部的矛盾及系统与环境之间的关系，看不到矛盾之间的相互关系和相互转变，就会激化矛盾，破坏高等教育系统内部的稳定性，就不可能实现高等教育系统的整体目标。例如，个人的合理需要得不到满足就会抑制个人的积极性和创造性，个人在工作中就会表现出动力不足，主动精神不够。一旦个人在工作中缺乏主动性就会大大降低其劳动效果，这样培养出来的人才质量就难以达到预期的目标。而人才质量的降低，又会引起社会上人才供需关系的变化。这种关系反过来又抑制高等教育的运行和发展。同样，如果系统的整体目标与实现这些目标的现实条件差距过大，目标就难以实现，反过来又会挫伤人的积极性。所以，高等教育系统目标的实现过程本质上是一个系统与环境、系统内部矛盾关系不断得到协调和解决的过程。

三、在矛盾与冲突上应注意的问题

领导者或管理者要辩证地看矛盾与冲突，特别是高等教育管理活动中的矛盾与冲突，从矛盾的普遍性来看，所有的矛盾都有共性，因为产生矛盾的规律性都是一样的。首先，领导者管理者要认识到矛盾的存在是必然的，也不存在没有矛盾的社会，也不存在没有矛盾的管理，人的价值观各异，认识方法和认识水平各异，有矛盾是很正常的，不要因为有了矛盾就惊慌失措。

根据动平衡的观点，管理活动中要有矛盾，有矛盾不是坏事，通过制造合理的矛盾，挑起正常的冲突，当然只是思想上的冲突，在冲突中谋求一致，使矛盾得以解决。领导者或管理者要善于处理和解决矛盾。矛盾出现并不可怕，可怕的是当矛盾出现以后，束手无策，有些管理者不善于解决这类认知型冲突的矛盾，甚至不愿意去正视这些矛盾。另外，最不可取的是压制矛盾，压制矛盾的结果造成矛盾的激化，这样一来可能会带来新的、更大的冲突，产生更大的矛盾。高等教育管理中，领导者或管理者对待矛盾与冲突要注意以下两个方面的问题。

（一）避免人为地制造矛盾和冲突

领导者或管理者应从源头上避免矛盾与冲突的出现，要科学合理地制定各种政策和制度，要经过专家论证和民主决策，千万不要匆忙出台不合时宜的政策和制度，特别要避免“头痛医头、脚痛医脚”地出台政策和制度，为矛盾与冲突埋下祸根。在管理活动中，领导者或管理者也要尽量避免矛盾与冲突。在管理活动中，尽量避免矛盾与冲突的办法有很多，其中之一是使管理活动透明、公开、公正，而透明的前提是对规则的认同。在认同规则的前提下，游戏的运作必须透明、公开、公正，只有这样，才能有效地避免矛盾和冲突。高等教育管理的本质特征与企业管理、经济管理有很大差别，我国高等教育的管理在具有行政性一面的同时，又是学术性很强的专业管理。行政管理需要很强的透明度，学术管理中除了知识产权方面和技术层面比较透明外，纯粹的管理活动更需要讲求透明、公开、公正。只有把握好了透明、公开、公正的度，才可能避免在管理活动中人为地制造矛盾和冲突。

（二）实事求是地化解矛盾与冲突

领导者或管理者在化解矛盾与冲突时要本着实事求是的态度。首先，领导者或管理者在要敢于承担由于自身的原因引起矛盾与冲突的责任，用真诚来化解矛盾与冲突。其次，一旦矛盾与冲突出现，领导者或管理者在既不要大惊小怪，也不要消极怠慢，要以积极的心态与行动去化解矛盾与冲突，把矛盾与冲突造成的负面影响降低到最低程度。

第二章　高等教育管理的功能

功能是指事物和方法所发挥的有利作用。高等教育管理的功能是指它的管理功能，是指通过管理在高等教育活动中所产生的有效作用。研究高等教育管理在整个高等教育活动中具有什么样的功能，实质上是从它的作用与自身利益价值来认识高等教育管理的实质及其意义，通过有效的管理，使管理者对管理中的要素的运用达到最佳状态，使各项管理活动尽量达到理想目标。由第一章第一节内容可知，管理的内容就是规划、组织、协调和控制。除此之外，有人还提出管理就是计划和领导，等等，其实，计划属于规划的范畴，领导属于组织的范畴，协调属于组织和控制的范畴。所以，在这里笔者要强调的是，规划、组织、协调和控制四个词是动词，或者是动名词。

规划与计划的属性基本上是一致的。规划可能偏重战略方面的意义，而计划则相对规划更偏重具体的活动。在这里，笔者主要用规划来进行表述。

规划是设计整个活动过程的管理内容。管理活动中有项目的总体规划，也有分步实施的具体工作计划。规划是管理活动的顶层设计，而计划则是落实规划的具体工作方案，它们在某些方面有相同之处。顶层设计的好坏直接影响整个管理活动的最终结果。因此，规划应该是组织或集团成员共同智慧的结晶，其中，重点反映了管理决策层的水平、能力和智慧，特别是领导者的水平、能力和智慧。政府行政层面上的规划是政府的事，是宏观管理的规划，教育机构（学校）层面上的规划是相对微观的，是教育组织发展的规划。

在这里，组织不仅仅是作为一个名词，而且有两层意思，一方面指管理活动中的组织机构；另一方面指管理中的组织活动，更多地作为一个动词来理解。只有这样，读者对组织的理解才会更深刻、更全面，才能去理解组织的具体内容。

协调是管理活动中的具体行动。在管理活动的组织中，涉及大量的人、财、物等资源，在分级和分权的管理中，政府行政管理层面的宏观管理、协调区域和地方政府的高等教育管理采取的是政策法规、行政手段来贯彻执行，而具体的组织管理活动是在组织机构内进行的，是微观层面上的管理活动，涉及了具体的管理活动中的人，有人、有活动就有矛盾。除了个体与个体之间的矛盾外，还有组织与组织之间的矛盾，管理就是协调解决这些矛盾的过程。

控制是达到管理目标效果的关键措施，同时，也是控制性管理中最为关键的管理过程。控制是对管理活动中的规划、组织、协调及其整个管理活动的控制，具体来说，一方面是对规划中的发展目标进展的控制；另一方面是对管理活动的过程控制。规划是超前的，在规划实施的过程中，实施的环境、条件是多变的，具有不可预测性，这些因素是管理者在规划的制定中应该考虑到的，因此，如果条件和环境发生变化，规划确定的目标也要进行调整，也可以说是对规划实施的目标进行调控。为了活动的正常进行，不至于偏离规划中目标既定的发展方向，相关部门或机构应通过建立立法的、行政的、经费的控制等手段，建立工作机制，促进目标的实现。

对于高等教育管理的功能，从不同的角度可以归纳出多种不同的功能。一般来讲，人们可以认为管理的功能就是规划、组织、协调、控制的功能，从这几个方面来分析管理的功能时，应该抓主要矛盾来看它的功能，从两个最主要的方面来研究分析高等教育管理的功能，即高等教育管理的规划功能和控制功能。

第一节　规划与组织功能

规划是指对事物未来的发展进行预期目标和工作计划的整体设计。从宏观上来讲，规划功能是指高等教育管理中的战略发展规划的有效作用；从微观高等教育管理来讲，它是指高等学校的事业发展规划的功用。规划是管理活动中首要的任务，因此，要清楚它的功能，管理者首先要了解一些相关的高等教育规划的知识。

一、制定高等教育规划的依据

在计划经济时代，高等教育规划就是指高等教育计划。我国的高等教育计划是20世纪50年代末至60年代初，在世界经济大发展的背景下，受计划经济体制的影响逐步产生和发展起来的。随着市场经济体制的推进，作为影响高等教育系统发展的一种技术手段，高等教育规划通过对高等教育系统进行合理的分析，使高等教育系统更好地满足个人和社会的需要，更有效地实现个人和社会的目标。因此，高等教育计划的制定与社会经济、人口、人力资本因素需求密切相关。

（一）经济因素

这里的经济因素实际上包括两个方面：一是国家经济体制的因素；二是经济发展的需求问题。20 世纪 50 年代末至 60 年代初是世界经济大发展的时代，伴随着这一时代经济繁荣的一个必然结果是国民对高等教育需求的增加。而在我国，教育的需求主要与国民经济的发展需求相适应，与国家政治的需求相适应。由于国家的政治经济体的性质决定了国民的财产与生活基本上是靠集体所有制和全民所有制来管理，国民自己所拥有的劳动剩余价值没有多少，没有什么资产，国民需求与国家教育规划没有多大的联系。随着国家政治经济体制的改革，计划经济体制向市场经济体制转变，人及其人力资本成了市场的经济体，人有了资产，人的教育需求有了经济基础，教育的需求问题不仅仅是国家的需求问题，也成为一种社会的需求，一种国民教育的需求，而不再仅仅是国家机器的需求。根据恩格尔定律，随着人们收入水平的提高，用于生活必需品方面的支出占整个收入的比例会不断下降，而用于包括教育在内的其他非生活必需品方面的支出占整个收入的比例会不断上升。

（二）人口因素

人口因素主要是指人口增长对教育需求的影响。除了经济因素外，人口因素是导致国民高等教育需求量增加的一个重要因素。第二次世界大战以后，世界人口急剧增长，这些战后出生的人口，到 20 世纪 60 年代末至 70 年代陆续跨入了接受高等教育的年龄组，接受高等教育的人口数量迅速增加，直接导致了高等学校在校人数的快速增长。国民对高等教育需求量的增加对高等教育规划的产生、发展起到了直接的推动作用。因为政府或社会要满足大批国民对高等教育的需求，不仅需要大量的教育资源的投入来支撑庞大的办学系统，改善办学条件，而且需要合理组织教育系统，合理利用有限的教育资源等。所有这些，显然都有赖于周密的规划。为此，20 世纪 60 年代后，许多国家开始把制定高等教育发展规划作为政府的一项重要教育管理职能，不少国家还建立起了专门负责进行高等教育规划的机构，希望能确定高等教育的发展目标及高等教育系统中各个部分的先后发展顺序，为政府进行高等教育决策提供指南，使高等教育系统中资源的使用尽可能优化。总之，人口因素主要是人口增长与教育资源的矛盾问题，它是教育规划中教育规模规划的重要依据。从历史或全球来看，如果完全按照市场来决定高等教育的需求问题是不可能的，教育不可能市场化，教育问题不可能完全由市场来解决，特别是在我国，目前教育规划仍然带有国家性。这是因为，目前还有相当一部分国民还不可能完全靠自身的经济能力解决教育需求的问题，还必须依靠国家或者社会解决自身的教育需求问题，主要的解决途径还在国家，要依靠国家的经费投入和高等教育财政补贴。所以，国家的教育规划，特别是高等教育规划就显得十分重要。

（三）人力资本因素

对于市场经济体制的建立，人力资本是最活跃的因素。人力资本的来源主要是教育的生产，人力资本需求越旺盛，教育的需求就越旺盛，人力资本的质量和水平要求越高，对高等教育质量与数量的需求就越高。随着高等教育在社会经济生活中的地位日渐得到提高，人们研究教育与经济关系的兴趣日浓，在这种情况下便产生了人力资本理论。人力资本理论创立的动力来自经济学家对经济增长问题研究的兴趣。传统西方经济学把土地、劳动、资本看作生产的三个要素，在一定时期内，生产的产量是由劳动、资本和土地三个基本要素的投入量决定的。第二次世界大战后，西方经济学家从对经济增长中生产要素组合比例的分析中发现，影响经济增长的因素除了资本的投入和劳动的投入外还有其他因素。那么，其他的因素是什么呢？人力资本理论把这些因素归结为知识的进步、技术的改造和劳动力质量的提高，即归结为人力投资，特别是教育投资的结果。人力资本理论的核心概念是人力资本，它指的是人所拥有的诸如知识、技能及其类似可以影响从事生产性工作的能力，它是资本的形态，是未来薪金或未来偿付的源泉，人的资本形态体现在人的身上，属于人的一部分。人力资本是相对于物质资本而言的，它是一种生产要素资本，对生产起促进作用，是经济增长的源泉，并且和物质资本相比，其在经济活动中的作用更大，对经济增长的贡献更大。因此，国家在制定高等教育规划时一定要将人力资本因素作为依据之一。

二、高等教育规划方法

以社会和个人两个方面对高等教育的需求为基础的规划方法也相应地有两种：一是人力需求法；二是社会需求法。

（一）人力需求法

人力需求法是一种运用得较为广泛的规划方法。其基本假定是，经济发展有赖于教育提供促进经济增长所需的各种受过教育和训练的人力，经济各部门的劳动生产率投入与产出结构是可以预测的，每一种产出和劳动生产率的水平都与一种特定的职业结构相联系；每一种职业都有最佳的教育结构；技能和教育之间存在对应关系；劳动力市场的过剩或短缺通过发展教育来协调。因此，必须首先借助于规划来预计通过高等教育培养人才的数量与质量，来确定社会需求的总量及各级各类人才的数量，指导高等教育机构来完成教育任务。人力需求法的基本原理是以社会经济发展对人力的需求为出发点来制定规划。具体来讲，通过了解国家在某一时期劳动力的职业与教育结构和产出水平之间存在的联系，来确定高等教育机构的质量与数量。例如，一般来讲，生产价值100万美元的电动机需要50个大学毕业的工程师，如果想要提高生产值，将之增加到150万美元，按照人力需求的方法，就需要再培养25名已经大学毕业的工程师。根据人力需求法原理，如果知道了以下几个方面的数据：未来任何一年经济部门每一种职业所需的人力数，每一种职业的现在人数，每年由于死亡、退休或离职等原因造成的每一种职业的减员人数，每年离开一种职业又进入另一种职业的人力流动量，这样便可使规划期每一年人力总数和每一种职业的人力总数定量化。假定每一种职业所需的人力仅与一种特定的教育相联系，那么，所有教育层次和所有学科的所需产出就可计算出来。在供应方面，如果有规划期内每一年现行教育制度期望的产出数据，国家便可计算出目标年每一种职业所需补充人力数与实际可供应人力数之间的差额，据此可以调整和规划各个层次和学科的招生人数和毕业生人数。从经济与人力资源的需求平衡来预测和规划，应从如下几个方面考虑。

1. 预测经济总产出

因为人力需求预测的目标是把教育与经济发展联系起来，所以，首先要预测目标年的经济总产出或预测基年与目标年之间的经济增长率。

2. 预测部门产出

将经济总产出分解为各个部门的产出，计算出国民生产总值在各经济部门的分布。这里的部门是指国家的行业管理部门。

3. 预测部门的劳动生产率

估算劳动生产率及基年与目标年之间劳动生产率的变化，把产出目标换算为人力需求。

4. 预测各部门的职业结构

把每个部门的劳动力分解为职业组，统计出职业组的需求结构。

5. 预测总职业结构

将全部部门同类职业所需人力数相加，得到为实现经济产出目标所需的每一种职业的人力数和综合职业结构。

6. 教育层次和类型

估计每一种职业所需的教育层次和类型或每一部门内每一种职业所需的

教育层次和类型。

7. 估算附加人力需求

根据受过教育的各级各类人力的现有储备，考虑计划期内离职和流动人力数，得出按教育水平表示的规划期内所需附加的人力数。

8. 平衡人力供求

根据计划期每年的附加人力需求数和各级各类学生毕业情况，考虑毕业生的劳动参与率，规划每年各级各类学校的招生人数。

（二）社会需求法

社会需求法是基于人力需求法，然后对整个社会的政治、经济、文化的发展来考虑的。对于一个国家来讲，它不仅仅要考虑需求的个体、局部，更要考虑国家的整体，如地区、行业的需求，这是宏观层面上的需求。社会需求法是一种常用的高等教育规划的方法，其思想是以个人对高等教育的需求为出发点的，把高等教育个人的投资和消费集合成整体，并尽可能满足个人对高等教育的需求，以这种需求为基础制定高等教育整体规划。同时，社会需求法还要求国家站在更高的角度，预测整个社会未来可能的需求。社会需求法是以个人的教育需求为基础的规划方法，这里的社会需求是一个集合概念，它把个人的需求集合了起来。从另外一个角度来讲，社会需求法的基本原理是建立一个描述教育系统的模式，用学生从一级教育向另一级教育的流动来描述教育系统的活动，人口预测是其基础，升级比例是其最重要的参数，其结果是毕业生就业与社会的需求平衡。特别是当一个国家的社会需求产生社会发展与教育之间的矛盾时，社会需求就会产生作用，极大地影响高等教育规划，并以此来预测和规划未来的高等教育发展。

三、宏观高等教育规划的制定

（一）高等教育规划的制定

国家及政府层面上的规划可以被称为战略性的规划和指导性的规划。这一层面上的规划有许多，这里主要分析有关事业发展类的规划。制定国家的高等教育事业发展规划主要有以下两个方面的工作要做。

1. 提出规划的指导思想

国家高等教育事业发展规划要以国家关于高等教育发展的总方针和有关精神为指导思想，以国家教育事业发展的总规划为依据，贯彻科学发展观，加强统筹安排，控制高等学校的数量，提高高等学校的质量，调整和优化高等学校布局结构。

2. 设计规划的内容

在国家高等教育内容设计上，国家应做到以下四点。一是总结和分析前一个时期高等教育发展的整体情况，包括：高等教育的需求与目标完成情况；高等教育资源结构布局情况；高等教育改革情况；高等教育经费情况，特别是高等学校的经费保证和财力支持情况；高等教育办学条件情况；高等教育资源的现状；等等。二是提出今后一段时期高等教育发展的目标。根据上一时期目标完成情况，在充分考虑现有高等教育资源的前提下，提出今后一段时间高等教育的总体规划目标，如高等教育的发展规模、发展速度、高等教育的各种结构协调、教育层次的发展等目标。三是提出预算内教育经费增长的政策保障和具体措施，以此作为高等教育发展的前提。四是提出完成目标的步骤和措施。

（二）地方高等教育规划的制定

地方高等教育事业发展规划相对于国家层面上的规划有些区别，但总的格式没有大的差异。一般来讲，地方政府的高等教育事业发展规划应根据国家的有关文件精神和要求进行制定。规划主要是以党中央、国务院关于高等教育发展的总方针和教育部的有关精神为指导思想，以地方经济社会发展的总体规划和教育事业发展的总体规划为依据，贯彻科学发展观，加强统筹安排，控制高等教育发展的数量和规模，提高高等教育的质量，调整和优化本地区高等教育布局和结构。规划内容的设计也基本包括四个方面。一是总结和分析本地区前期高等教育发展的整体情况，除了发展的规模、结构、质量、速度外，还有前期本地区财政性支出对高等教育支持的情况、本地区办学条件的总体情况、本地区高等教育资源的现状等。二是根据本地区前期经济社会发展需要和今后高等教育发展的规划目标，在充分考虑现有高等教育资源尚可利用的剩余容量前提下，提出本地区今后高等教育发展的规划。此规划应包括本地区内高等教育的总体规划目标和各级各类分项目标。三是提出今后保证本地区高等教育经费预算年均水平比上一时期有增长的政策保障和具体措施，以此作为本地区本期间高等教育发展的前提。四是提出完成规划的具体步骤与措施。同时，地方高等教育规划受国家的指导和控制，国家为了保证各地方各地区高等教育的协调发展，在确定地方高等教育规划的时候，要提出审查意见，履行审批手续和程序。

四、规划功能分析

既然规划功能是指规划的效用，那么，规划的实质内容主要表现在两个方面：一是规划中的目标的科学性；二是为达到目标所制定的工作方案的可行性。规划是一种预期设计，结果也是具有预期性的，实际上，真正的效用要通过结果来检验，而规划中的目标的科学性和方案的可行性只是一种过去经验性的思想要求。目标的科学性主要指要求目标确定是通过一定的科学程序完成的，是通过各个层面及专家系统的作用来实现的，是经过了科学的研究与论证确定的。方案的可行性是指完成目标的工作步骤和措施是客观的，方案的设计考虑到了各工作要素和客观环境条件，并且不会与这些因素有太大的冲突等。综观一些教育的或者高等教育的规划的历史，对比过去可以发现现在的规划越来越讲求实效，目标的确定越来越清晰，目标基本上要通过定量与定性的指标反映出来，可定量、可定性的时候一般要定量反映；而在这些量化指标的背后，在这些定性描述的背后是经过了许多人、许多程序才形成的。下面笔者以高等学校发展规划来说明规划的功能。

（一）规划的顶层设计功能

不论是宏观高等教育管理还是微观高等教育管理，规划都是顶层设计。宏观高等教育管理中的规划对于高等教育的大政方针、发展方向和发展目标都进行了宏观的规划，给出了整个国家或地区的高等教育规划发展蓝图。

微观高等教育中的管理规划，即高等学校是学校组织发展的顶层设计。高等学校规划中确立的办学思想是学校发展的灵魂。学校遵循科学发展观，准确把握当代高等教育发展趋势，紧紧围绕区域经济和社会发展需求，对当前和今后一个时期学校的发展进行科学的定位。高等学校发展规划要反映以下六个方面的定位。

发展目标定位：用数十年的时间，把学校建设成为优势突出、特色鲜明的高水平综合性大学。

办学类型定位：经过不懈努力，使学校由教学型大学发展成为教学研究型大学。

办学层次定位：以本科教育为主，积极发展研究生教育，适度发展高等成人教育和职业技术教育，努力拓展国际合作教育。

学科门类定位：以服务行业的优势学科为特色，以工、农、文、理学科为重点，多学科门类协调发展。

培养目标定位：培养基础扎实、知识面宽、综合素质高的具有创新精神和创业能力的高级专门人才。

服务面向定位：立足地方，面向全国，服务地方，服务行业。

（二）规划的战略功能

规划具有国家高等教育发展战略功能、地区高等教育发展战略功能、学校发展战略功能。它是一个战略谋划过程，这是由规划的性质所决定的。

国家和地区的宏观高等教育发展规划把高等教育的大政方针、目标措施等进行系统集成，成为中长期的发展战略蓝图，其主要内容如下。

第一步，重组资源，融合发展。按照“整合资源、构建平台、提升层次、保障质量”的工作思路，引导学科交叉和融合，构建综合性大学的雏形。

第二步，重点突破，内涵发展。按照“稳定规模、优化结构、强化优势、彰显特色”的工作思路，大力实施教育教学质量工程，不断改善办学条件，加强重点学科建设，使学校的综合实力稳居省属高等学校前列。

第三步，全面提高，稳步发展。按照“突出创新、强化特色、全面提升、争创一流”的工作思路，不断提高学校教育教学水平和科学研究水平，全面增强学校的综合实力，扩大学校在国内和国际上的影响，建成优势突出、特色鲜明的高水平综合性大学。

这里的组织实际上是指项目与活动的规划出台后，具体进行的组织实施过程。管理者一般通过组织管理运作模式和运作机制，组织和调配相应的资源实施制定后的规划。组织实施是管理活动中方式方法的另外一个问题，这里不对其进行过多分析。

第二节　控制与协调功能

高等教育管理的实施过程中很重要的一部分就是控制与协调。控制就是对组织运作及组织活动进行规范性干预，大都是制度性的、行政性的甚至是强制性的干预。而协调更多的是指用技术和软性的方法来解决管理活动中的问题和矛盾，包括通过管理艺术化解矛盾。这里主要研究的是控制的功能。

一、高等教育目标控制

（一）高等教育目标控制的必要性

高等教育目标的实现程度是衡量高等教育管理效能的重要基准，也是高等教育控制的主要依据。高等教育目标又是相对于一定社会对高等教育的需求而言的，是预设的推动预期高等教育目的实现的导向和标准，因此具有预见性特征。随着时间的推移，高等教育活动主客观条件的变化，不论是宏观高等教育管理还是微观高等教育管理，对高等教育目标适时进行控制和校正有其必然性。

同时，高等教育目标又明显带有目标制定者对教育价值判断的印记，而现实的教育目标的实行通常并不完全按照教育理论家或政治家的设想去进行。对于追求高等教育目标的实际操作过程中出现的与理想之间的偏差自然也需要控制。

各教学和行政管理部门在贯彻和实施高等教育战略目标及和办学目的有关的计划、程序时，往往需要制定详尽的子目标，各子目标之间是相互关联的，它们之间的协调是重要的，也是困难的。人们往往会因各自不同的目的或利益而发生矛盾甚至冲突，尤其是在功利性色彩较为浓重的组织活动中，对各自目标的追求和竞争在很大程度上代替了对总目标的无条件服从。对于追求子目标的过程中出现的种种偏离总目标的行为，需要有一定的制度和机制对其实行调控。

（二）高等教育目标控制的内容

从历史来看，高等教育发展要经历数量扩张与质量提高之间相矛盾的时期。人们对数量目标或质量目标的侧重往往带有功利性目的。例如，服从于一定的政治目的（如教育机会均等），要以数量发展为保证；而从维护高等教育自身的学术地位来看，质量目标似乎应被首先考虑。然而，数量发展并非没有限制。一方面，数量的过度扩张必然带来教育资源分配的紧张；另一方面，数量的增长也可能损及局部的质量。除了数量因素外，系统内部已有的制度、管理人员的素质、师生之间的互动、学生的成绩、毕业生的受欢迎程度等都是质量控制的重要内容。在此，笔者主要从高等教育数量控制和质量控制两个方面简单探讨一下高等教育目标控制问题。

1. 高等教育数量目标控制

我国高等教育规模曾经历过三次大发展：1958—1960 年，在校生人数从一万人左右增加到几万人；1983—1985 年，学校数从 805 所增加到 1016 所，在校生从 120 万人增加到 179 万人；1992 年比 1991 年实际招生人数增长 21.7%。人们注意到，大发展的背后也经常伴随着对原有目标的突破。例如，1992 年，普通高等学校本专科招生年初的计划招生总人数是 62.8 万人，而执行数是 75.4 万人；1993 年，原计划招生总数为 78.6 万人，但实际执行数为 92.4 万人。然而，几乎每次高速增长后都要经历一个整顿的过程，而且主要依赖政府的行政干预，这种反馈式控制从短期看可能是有效的。例如，1994 年，由于政府的宏观调控政策，整个国家的招生规模基本实现零增长，但事实上，单纯的事后政策干预非但不能真正保证我国高等教育的长期健康发展，有时反而容易出现矫枉过正现象。

从世界经验来看，高等教育规模扩张的原因大致有：经济起飞阶段对专门人才需求的急速增长；政府对高等教育的政策倾斜和巨大投入；某些社会大变动后造成的对高等教育政策的变革；等等。我国在招生问题上的主要矛盾是，政府每年对招生规模的限制与地方和学校面向社会自主办学的需要之间的矛盾。目前我国普通高等学校招生计划管理的现状是，每年由教育部和国家计委根据国家经济和社会发展的总体规划，经过综合平衡，提出当年全国普通高等学校年度招生总数，各省市和中央各部门在国家宏观规划和方针政策的指导下，根据本地区、本部门的实际需求、生源情况及所属普通高等学校的实际办学条件，编制本地区、本部门的招生计划。但问题在于，地方高等学校是由省级政府部门管理的，中央部属高等学校由主管部委管理，地方高等学校和中央部属高等学校招生计划互不相通。这种条块分割状况，造成一些院校的专业因人才需求所限而无法保证一定的规模，以及专业重复设置现象严重，造成资源投入上的浪费。对于各所高等学校来说，在激烈的生源市场竞争中谁也不甘落后，只要政策一有松动或有可变通之处，就有可能出现招生超计划的现象。所有这些都给国家对招生数量的有效控制造成了障碍。

在对高等教育数量目标进行控制的过程中，有关人员有必要分清政府主管部门与学校两者的不同职能、权利及义务。

政府宏观调控职能，应包括以下几个方面：向学校及时、准确发布人才需求信息（包括数量、层次、规格、专业、学科、地区需求等）；制定长远发展规划，对学校进行总体指导；依据学校的办学条件，合理核定招生总量；制定扶植学校发展的方针、政策和措施，使学校的发展不致过分地受到市场的影响，保持学校发展的相对稳定性；对学校进行定期评估，并把评估结果作为学校改善办学条件、决定能否享有或继续享有一定程度招生计划自主调节权的重要手段。

学校方面若要实行招生计划自主调节的职能，则应有以下保障条件：研究、制定学校发展的中长期发展方向、目标和总体规模，并经主管部门核定；对学校的教学质量、科研水平、产业发展、学校管理、办学条件等应承担相应的责任；在政府宏观指导下，学校逐步建立自我发展、自我约束和自我调节的机制。

2.高等教育质量目标控制

（1）高等教育的质量目标

将高等教育目标分解为数量目标和质量目标，是从高等教育增长方式角度来考虑的。高等教育目标还可以从高等教育功能的角度来考察。例如，随着社会的进步，高等教育活动正呈现多元性：保存和传递人类已有文明成果，培养和提高公民的素质；探求未知领域，发展科学技术和文化；满足社会对人才培养及科技开发、应用等方面的要求；大学直接参与社会经济建设，服务于社区和国家建设；等等。这些活动同时也构成了高等教育的目标体系。由于现代高等教育具有多方面的目标与功能，因而，衡量高等教育质量的标准也不是单一的。学术标准是其中十分重要的一条，但绝非唯一。除学术标准外，高等教育质量标准还涉及高等教育的“适切性”，即是否适应社会发展的需要，是否切合受教育者身心发展及其就业的需要，等等。一般而言，高等教育系统内部往往倾向于强调教学、科研的学术标准，强调学科、专业的内在逻辑和科学性，而社会（包括用人单位、学生、学生家长等）更多地关注高等教育活动对现实的适切性、实用性。例如，学校课程设置、教学内容是否有利于学生日后就业；在缴费上学的条件下，对入学的投入能否保证更大的回报；高等学校的科研是否能向企业提供新产品、新工艺，从而给企业带来可观的经济效益。在理想状态下，高等教育质量应兼顾学术、社会需求、受教育者意愿和能力等多方面因素。在对高等学校的质量评估标准中，专家们也力图全面反映这些因素。例如，《美国南部11州高等学校资格评估指标体系》的报告，就列举了评估学生教育成果应包含的内容：在校率和毕业率；学生普通教育成绩；学生主修专业成绩；完成教育目标后学生的理解能力；学生情感发展；学生、毕业生、雇主、退学学生对专业教育质量的意见；就业率；研究生/职业教育等就业率和业绩说明；从两年制学校向四年制学校转学后的学生情况；外界对大学生和研究生成就的认可情况。

在实际操作中，兼顾诸因素是很困难的。但是如果有关部门能根据不同的质量标准（尤其是学术标准），将高等学校进行适度分级，会更利于确定高等教育质量标准。同一课程在不同性质的学校的专业里，其学术性程度是不同的，衡量这门课程的质量标准自然也不同。例如，工科教育中的数学课和理科教育中的数学课是不一样的，前者强调数学作为一门工具性课程的实用价值，而后者十分注重数学课的逻辑性、探索性。推而广之，每所学校根据不同的功能定位，其学术水平的要求可以有差异，同一层次的学校可以在同类中进行竞争，并进一步进入更高层次的学校行列。正如美国学者伯顿所说："高等学校的分级制度可以而且往往是质量控制的一种管理形式。它利用公众舆论和院校评议，根据觉察到的能力给各校以应有的地位、尊重和待遇。"

截至目前，高等教育的质量标准没有统一之说，宏观的质量标准反映在适应度上，主要是指高等教育与社会经济发展的适应度。科学技术与科学文化知识创新水平、培养的人力资源的数量与质量是高等教育适应度的主要内容。各国正在探索和完善高等教育组织办学的质量标准，综合考核学校办学的质量、水平、效益等，已经逐步成为高等教育质量标准的主要内容。目前我国在评价大学质量标准方面的研究取得了一些进展，但主要是在教学与学术方面，还不完全是学校的整体质量，因而仍需加强相关方面的探索和研究。

（2）高等教育质量目标控制手段

从时间上看，高等教育质量目标控制手段可分为三类。

①前馈控制。

前馈控制的主要内容是指对高等教育质量目标设置的过程进行控制，对高等教育质量运行的方案设计进行控制，尽量避免将要出现的问题。

②过程控制。

过程控制关注高等教育过程与高等教育目标的契合程度。在高等教育过程中，评价人员不断进行一些中期评价的活动，以对出现的问题做出诊断调整，以避免出现在运行过程偏离目标太远的时候才采取校正措施的情况，最大限度地保证高等教育的质量。

③反馈控制。

反馈控制绝不是指在活动全部结束后，对活动的结果进行信息反馈来加以控制，这是一个误解。反馈控制仍然是在管理活动的过程中，对某项活动的运行状况随时进行信息反馈和控制，当然，这一活动一定是指一个有结论的过程，对于没有按照规定的目标和要求而出现的情况进行调控。当然，终结反馈也是必要的，终结反馈的结果只能是对下一个循环进行调控。要注意反馈信息渠道的正常与多元化，避免错误反馈。相关评估部门应通过建立专业性鉴定委员会等方式加强反馈信息的权威性，不应将事后的质量评估视为工作的终结，而应积极地为新一轮工作、活动提供质量控制、工作改进的建议。

二、高等教育行为控制

规范高等教育的行为是高等教育管理控制的重要任务。高等教育行为主要在两个方面是必须要得到控制的：一是高等教育的方向性；二是高等教育各项活动的行为规范性。

（一）控制高等教育的政治方向

根据教育的国家性和民族性，一个国家的高等教育不可能完全没有政治性。在阶级社会里，有些事关国家政治、军事、经济、文化安全的知识和技术是有国界的，这是不言而喻的。从国家的民族性和人才战略来讲，人力资本的一部分是属于国家的，因为高等教育不完全是自费教育，国家也有一定的投入，为国家服务是每一个受教育者的责任，从这个角度来讲是一个政治问题。所以，国家对高等教育的政治方向的控制也就成了必然。

（二）控制高等教育行为规范

任何管理活动都是人的活动行为，不论是宏观管理还是微观管理，行为控制也许是管理活动中最复杂的课题，原因有以下两点。一是人的行为很难被精确测量，因而很难判定它与目标究竟有多大程度的偏差。二是人们对人的行为规律的了解还很肤浅。10 多年来，随着心理学和行为科学的发展，不少学者对行为控制问题做了较深入的探讨。高等教育活动的人是由多个个体组成的人群，对于人群的行为进行规范就显得更为重要了。

1. 高等教育组织行为的管理

从微观高等教育管理来看，高等教育领域的教学与科研活动属于高智力型活动。高等学校的教师和学生致力于知识的探索与传播，他们在实现高等教育目标的活动中的各种行为有别于其他社会组织。不过，普通的组织行为管理技术对于高等教育系统中的行为控制仍然是很有价值的。它立足于人的行为和环境的相互作用，试图通过对环境条件的控制以实现对人的行为的控制，从而促使人的行为向预期的方向发展；满足某些条件后，就会得到预期结果，再根据具体的人处理各种预期的结果，及时提供程序性的行为规范。在高等教育管理中，要帮助高等教育系统的成员形成良好的职业行为，就需要为他们创造条件，也需要强化某些条件得到满足后才能得到的预期的结果。

2. 组织行为的修正

组织行为的修正主要针对那些与工作任务不一致或不协调的行为，因为它们不仅会影响组织目标的实现，而且会导致组织的功能障碍，威胁到组织的生存。修正组织行为包括以下五个环节。

第一，鉴别与工作有关的行为事件。和组织行为管理技术一样，组织行为修正技术特别重视外显的行为，而不重视态度之类不可直接观察的变量。它只鉴别与工作有关的事件，而不考虑与工作无关的事件。

第二，测量行为。该环节包括观察行为，记录行为，然后根据记录的结果描述各种行为，以引起人们对这种行为的注意。

第三，对行为进行功能分析。该环节包括将行为和各种环境变量分解成功能因素，找出行为和环境变量（事件）之间的关系，找出影响和控制行为的因素。

第四，寻找修正行为的途径和方法。该环节包括三个步骤：①在分析行为功能的基础上分析行为与环境事件的联系，找出因果关系链，并确定采用何种方法去修正行为；②应用和实施修正技术，通常的手段有强化、惩罚、消退或这些手段的相互结合；③采取适当的强化方案，维持期望的行为。

第五，对整个工作进行评价，以确定修正的方法与技术是否妥当，为以后碰到类似的问题提供科学依据。

三、高等教育财务控制

高等教育财务控制是高等教育系统内部各组织借助于对货币资金的筹集、分配和使用采取的一整套管理和监督方法，从而使有限的教育经费最大限度地发挥效能，达到预期目标的过程。与其他社会系统的财务控制类似，高等教育财务控制大致也包括预算、会计、决算、审计这几种活动。

（一）高等教育的财务预算

高等教育的财务预算主要是指对高等教育事业经费方案的编制、执行、调整和分析等一系列的过程。高等教育预算过程的基本目的是确定从中央到地方主管部门、从大学到学院、从学院到系科、从系科到教学科研人员等的资源分配和调整。在确定预算拨款时，要对可选用的方案做出明确的抉择。

高等教育的财务预算工作具有计划性，可以作为计划工作的一部分，同时它也可被视为管理工作中的控制手段，是一种典型的前馈控制。一般来说，它具有以下特点：第一，预算与价值计算的形式定期地进行；第二，预算按一定的组织系统自上而下有序地进行；第三，预算的目的是保证教育计划的顺利实施，促进教育效益的不断提高。

根据不同的方法，高等教育的财务预算可以有不同的种类。例如，按其编审程序可分为四种。

①概算：拟编下年度预算的估计数字。

②拟定预算：未经一定程序核定的年度收入计划。

③法定预算：经过一定程序审批生效的正式预算。

④分配预算：按法定预算确定的范围来分配实施的预算。

再如，按时间的先后顺序，也可分为四种。

①经常预算：正式的常规预算。

②临时预算：正式预算确立之前暂时实行的假定预算。

③追加预算：在原核定的预算总额以外增加收入或支出的数字。

④非常预算：为应付意外事变所做的特殊预算。

通过对高等教育财务预算的实践和研究，笔者发现高等教育系统常用以下几种的编制方法。

1. 追加预算法

这种预算方法允许在学校预算中可以追加每一单项，其主要依据是，现时的拨款根据是适宜的，而当前的计划方案要以现有的形式持续下去。追加预算法被认为是利益群体已经赢得了一段时期支配权的标志。这种方法的优点在于其稳定性和可预期性，其缺点在于不能充分鼓励学校去鉴别现有计划是否完备或是否有必要取消现有无效的计划。

2. 非定额预算法

这种预算方法要求每个院校的财务计划部门在该单位领导认为适当的水平上提出计划所需的预算申请，通常由单位领导同主管预算的人员进行协商，调整预算额以便与可利用资金相吻合。其优点是单位参与预算制定的机会增加了，其缺点是申请额与实际到位资金通常不一致，对最后分配决策缺乏明确的准则。

3. 定额预算法

这种预算方法亦被称为“一次总付性”预算法。它同非定额预算法刚好相反，院校财务部门得到一定数量的拨款，并须按此拨款数额建立起单项预算。其优点是单项预算权分散，可以促进各单位计划的灵活性和有效性，其缺点是中央行政机构对原先预算额的静止或依赖与各单位实际情况的千变万化形成明显的反差，整体上缺乏灵活性。

4. 备用水平预算法

这种预算方法要求准备若干个不同水平的预算标准，如按通常水准上下各浮动 5%。中央行政机构则根据不同水平的预算方案，判别各单位业务人员的水平，对单位内项目优先次序和项目评价详情进行大致分类。

5. 公式计算预算法

这种预算方法通常以在校人数及学时数为依据，总的事业费预算中分配到每个单位的相对份额会因公式变量的变化而变化。在运用此种方法的情况下，具有同等要求的高等学校或项目可能得到相等的资金支持。但也有人认为，如果在入学人数激增期间可以达到这项标准，那么在人数动荡不定或呈长期下降趋势时，它就难以维持了。另外，对于特殊的任务或短期需要，这种方法就无法发挥出应有的作用了。

6. 合理预算法

在高等教育系统中，除了中央和省市级的预算外，最普遍的还是高等学校一级的预算。随着教育改革的深入，我国的高等教育体制正发生着深刻的变化，高等学校经费的来源也由单一型向多元化方向发展，这无疑对高等学校的预算工作提出了新的课题。过去我国的预算主要是支出预算，一般只要入学人数和国家财政收入持续增加，高等教育传统的预算方法大致可以满足大部分高等学校的需要。而现在需要进一步增加收入预算，在预算的分配与调整上，我国目前也面临许多棘手的问题。例如：供需矛盾更加突出，各校普遍感到经费不足；经费使用不尽合理，导致使用效益低下；浪费现象严重；等等。

由于经费的使用权和审批权被人为地机械操作或死板地管理，以至于出现这样的现象：一个单位还不到年底经费就被用完了，而另一个单位到年底还剩一大笔钱，于是突击花钱。这两个单位经费使用效益均低下。

20 世纪 60 年代后期，世界上出现了建立在传统经济效率基础上的“合理预算法”，这种方法又可细分为两种方法：一是使用高度集中的宏观经济理论方法来制定预算的计划、程序和预算系统法；二是使用更微观的经济概念，以分散化为特点的零点预算法。

计划、程序和预算系统法试图通过将计划的目标结果作为高等学校执行预算的必要的组成部分，把预算和计划合二为一。美国审计总署对计划、程序和预算系统法下的定义是，制定计划包括对该组织的长期总目标进行选择与鉴定，以及根据费用、效益对各种实施过程进行系统分析；在程序上，要求在贯彻执行计划之前决定具体的行动步骤；预算编制承担着将计划决策和程序决策转变成具体的财政计划的任务。传统的预算方法不以产出为指导，强调过去甚于强调将来，强调对资源的需求而不是其使用结果，但不强调资源是如何与目标联系的。而计划、程序和预算系统对各项目标有明晰的考虑，着眼于多年而非仅仅一年的所需费用，对实现目标的各种手段加以分析，以及对各种预算选择的利益或效用进行评价，等等。

计划、程序和预算系统法主要涉及基本政策的制定及高度集中的、自上而下的决策行为。而零点预算法却是把目标转换成有效行动计划的一种微观经济学方法。它要求对每年的每项活动从零开始重新进行全面论证，以建立新的预算。具体而言，此种方法有以下四个步骤：一是每个预算单位要制定出描述一项活动、功能或目标的一系列决策方案，并阐明供选择的服务等级；二是预算申请要按递增顺序从低水平到高水平排列；三是对不同经费增加额的影响要进行论证；四是增值决策方案要按优先次序排列。决策方案应包括决策单位的目标、设想活动或其他方案的具体描述、活动的费用及效益、工作量及成绩的测定、不同水准上的工作及其收益。总之，零点预算法的核心是对供选择的支出方案进行规范化比较。

（二）高等教育的会计

在高等学校中，会计是以货币为主要计量单位对学校的经济活动和预算执行过程及其结果进行反映、监督和管理的一种财务控制方式，包括三个部分。第一，会计核算。根据学校的经济活动和预算执行过程及其结果，连续地进行记录和计算，并根据记录和计算的资料编制报表。第二，会计分析。根据会计账簿、会计报表及其他资料，对财务情况进行分析研究。第三，会计检查。根据会计凭证、账簿、报表和其他资料，对有关单位业务活动的合法性、合理性、会计核算资料的正确性和财政政策及财经纪律的执行情况进行检查。

会计的基本职能在于反映和监督一定范围内的资金使用情况。会计的任务主要包括：第一，根据有关法令和规定来编制并执行预算；第二，进行经济核算，加强现金管理，做好结算和核算，提高资金使用效益；第三，对高等学校的所有经济活动进行正确、完整、及时的记录，编制凭证，登记入账，上报会计报表。

（三）高等教育的决算

高等学校的决算是执行预算的总结，是反映全校年度预算结算的书面报告。预算年度结束时，学校的财务活动便进入决算编制阶段。决算的编制一般分六个步骤：第一，拟定和下达编制决算的规定；第二，进行年终收支清理；第三，制定和颁发决算表格；第四，进行年终结账；第五，编制决算；第六，上报。

（四）高等教育的审计

高等教育的财务审计分为国家审计和部门审计，在必要的情况下，还包括司法审计。在高等学校中，审计工作是对有关的财政、财务收支、经营管理活动情况等进行监督的一种财务控制活动。审计主要对财务活动的以下五个方面做出判断。

①合理性，即指审核检查的经济活动是否符合有关规章制度的要求。

②合法性，即指审核检查的经济活动是否符合国家的法律、政策、法令或条例。

③合规性，即指审核检查的经济活动是否在正常或特定的情景下发生，是否符合学校管理的原则。

④有效性，即指审核检查的经济活动有无经济效益。

⑤真实性或公允性，即指审核检查经济活动的资料是否如实、适当地反映了它所要表现的经济活动。

审计按其内容和目的可分为两大类：财政财务审计与经济效益审计。前者审核检查财政财务活动，并对这类活动的合规性、合法性做出判断；后者是以实现经济效益的程度和途径为审查内容，目的在于提高经济效益。

按照审计主体与被审单位之间的关系，审计又可分为外部审计与内部审计。外部审计是指由被审单位以外的国家审计机关、上级审计部门或民间审计组织进行的审计。内部审计是由本校审计部门进行的审计。

国家对审计部门的各项任务做出了详尽的规定，其中主要有以下几个方面：对财务收支计划、经费预算、经济合同等方面的执行情况进行监督；对内部控制制度的健全、有效与否及执行情况进行监督检查；对会计报表和决算的真实、正确、合规、合法情况进行审计并签署意见；对严重违反财经法纪的行为进行专案审计。

为了完成对高等学校财务的审计活动，审计部门拥有以下主要职权：检查有关的会计凭证、账簿、报表、决算、资金、财产；查阅有关的文件、资料；召开或参加有关会议；对有关人员或问题进行调查并索取有关材料；提出有关意见和建议；对各种不按规定、违反财经法纪的人员或做法提出处理措施，并向有关领导部门反映审计结果。

高等学校内部审计工作有以下几种组织实施方法。①系统审计：根据学校办学特点，组织有关基层单位针对特定项目，系统开展审计活动的一种方法。②专题审计：分别按各个职能部门所主管的业务，开展专题性内部审计工作的一种方法。③同步审计：在同一时间内，对两个以上所属单位审查内部相同业务的一种内部审计工作的组织方法。④轮回审计：把下属单位按邻近原则划分成若干片区，成立片区审计小组；片区审计小组在内部审计部门的指导下，按规定审计内容，有计划地、轮流地对本片区各单位进行审计。⑤审计调查：针对本单位经济活动中带有共性和倾向性的问题，对不同下属单位进行内容相同的调查，以便摸清情况，及时为领导决策提供信息。

审计工作中还有一个重要的方面，就是以各项作业为对象，以审查各项作业财务上的合法性与经济上的合理性及有效性为目的的作业审计。例如，对引进某种仪器设备的作业，对进行某项教学改革的作业，都可以进行作业审计。作业审计不但需要运用财务审计的一些方法，而且需要运用一些技术分析方法，如网络计划技术、线性规划技术、价值工程和价值分析技术等。作业审计不仅要审查与作业有关的财务问题，而且要审查对作业的管理水平，它可在作业项目的事前、事中或事后进行。

审计工作中另一个重要方面就是合同审计。目前，随着高等教育的发展，高等学校与社会经济生活建立了越来越广泛的联系，与高等学校有关的各种类型的合同越来越多。合同是不同法人之间为实现一定目的，明确相互权利与义务关系而订立的协议。它涉及有关法规、规定，需要就合同的合法性、有效性和完整性进行审计，因此，合同审计对于保障合同双方的合法权益非常重要。具体而言，合同审计的主要内容有以下几个方面：检查合同管理制度是否健全；检查签约双方是否合格，是否具有执行合同的能力和诚意；检查时间合同内容是否符合有关法律、法令和条例；检查合同是否完备，措辞是否准确；检查合同内容是否可行。

四、高等教育的宏观调控

高等教育的控制不仅仅包括一些技术性的环节，而且高等教育的发展与制度性的宏观调控水平高低有关。这种宏观调控对高等教育发展的影响往往更为深远。这里所指的宏观调控手段包括高等教育立法、高等教育政策、高等教育财政拨款等。

（一）高等教育立法

长期以来，我国高等教育管理与计划经济相适应，高等教育接受中央集中统一领导，法律的效用实际并不明显，所颁布的有关法规大多以“暂行条例”“试行草案”“讨论稿”“纲领”“通知”“指示”“会议纪要”等形式出现。这些法规缺乏法律应用的稳定性和科学性。高等教育法规变化频繁是高等教育平稳发展的又一大障碍，这体现在对管理制度规定的措辞经常性的变化上。同时，教育法规对措辞本身的解释通常也模棱两可，不够准确，自然也就缺乏可操作性。另外，法规的内容也不全面。这表现在法规内容中调整教育内部关系的多、调整教育与外部关系的少，规范学校的多、规范教育行政领导部门的少，法规的限制性条款多、保护性条款少，规定的相关人员的义务多、权利少，例如，很少具体明确学校、教师、学生的办学权、教学权和学习权。我国应在以下这些方面改进高等教育立法，以提高高等教育水平。

（二）高等教育政策

市场经济条件下，高等教育也将受制于市场这只“无形的手”的控制。高等学校以自己的办学特色多样、专业各异展开对生源市场的竞争；政府与高等学校之间通过科研成果的买卖关系，使后者从前者那里获取研究经费，促进学术水平的提高；学校通过对教师和行政人员的评聘，促进学校内部办学机制的改善，形成不同的学校类型、学科及教育层次。那么，在法律形成滞后时，政府的高等教育政策必须适时做出调整，以保证上述高等教育运作的顺利进行。实践表明，如何保持行政干预和市场调节的平衡是一个重大而棘手的课题。对于习惯于计划经济思维模式的决策者来说，要真正具有适应并驾驭市场的能力，还有很长一段路要走。尤其是在当前形势下，国家对高等教育本质的认识在不断深化，很多人习以为常的观念将受到形势发展的强劲挑战。高等教育政策理应更有前瞻性，而不是滞后于形势的发展。高等教育的决策过程必须走向科学化、规范化。政策的实施过程必须有强有力的制度保障和监督，否则，政策实施过程中将避免不了“长官意识”、阳奉阴违，高等教育政策的宏观调控作用不但不能得到发挥，反而有可能误导高等教育的发展，造成高等教育质量和效益的下降。

（三）高等教育财政拨款

高等教育财政以拨款的原则和标准来引导、控制高等教育发展的方向。例如，在美国采取“卓越质量原则”，鼓励公平竞争，因而财政资助大部分集中在少数历史悠久、研究力量雄厚的著名大学，其中大多数为私立大学。此外，美国联邦政府还给高等学校提供其他形式的间接资助，如减少那些资助高等教育的个人或组织的税收等。在我国，科研经费的发放由有关机构、各级政府设立的多种科学基金组织，以课题项目方式向社会招标，高等学校、研究机构均可提出申请。事实上，各校获得经费资助的机会并不均等，一般教育部所属的重点大学往往获益较多。在“条（中央、地方）块（省、部委）分割”的管理体制下，部属和省属院校之间获得的科研经费存在较大悬殊。在此种制度下，由于缺乏足够的公平竞争机制，国家通过财政资助方式去引导学校向质量卓越方向发展的愿望自然无法真正实现。过去几年，“211 工程”的实施较好地将财政资助中“点与面，中央与地方”结合起来，体现了效率优先的原则，考虑到国家对高等教育有重点发展的要求，各省均对自己管辖的重点大学积极投资，扶植重点学科、专业，使高等教育与地方建设的关系更为密切。当然，这种资助方式的实效有待更长时间的检验。就目前情形而言，高等教育资助中仍然存在如何公正、公平、公开配置有限资源的问题，一些地处较发达地区的高等学校因为新的资助政策，往往比那些处于落后地区的高等学校享受到更多的好处。在这种趋势下，高等教育必然只能走“非均衡”发展的道路，但问题的关键似乎已不仅仅在于资助方式本身，高等学校自主发展空间和权利将是决定性因素。

第三章　高等教育管理的原则

高等教育管理的理论与一般的管理理论在最基本的方面有些是相通的，管理的最基本的原理原则也有相通之处，只不过高等教育管理是一种专业管理，专业的内容不同，性质各有差异，因此，侧重在某个方面遵循某些原则。从一定意义上来讲，高等教育管理原则是对一般管理理论和方法的运用，是人们在具体的实践中总结提炼出来的。管理者只有实实在在地认识了这些原则，将之真正地内化在管理活动中，才能使使用的方法得当，才会自觉地去贯彻、遵循这些原则。反对空谈理论、方法、原则，强调管理原则在管理活动中的重要性，强调管理原则与管理方法的必然联系，是学者们研究高等教育管理活动最根本的方面。同时，了解高等教育管理原则是管理者从事高等教育管理时应遵循的行动准则和基本要求。它源于人们对高等教育客观规律的认识，是对高等教育管理实践经验的概括。由于实践本身的丰富性及人们在总结实践经验时的价值观和认识水平的差异，原则的科学性必然带有相对性。面对各种各样的管理原则，明智的管理者应根据实际情况，恰当地鉴别和利用这些原则。从教育的社会属性出发，管理的思想和原则要与时俱进，在充分发扬民主的同时，强调依法管理。从教育的自然属性出发，注重组织群体的特殊性，管理内容的特殊性，把握个性与共性、局部与整体、学术与行政，可以为学者们研究高等教育管理的原则问题，提供很好的帮助。

第一节　高等教育管理的原则确立的依据

根据我国教育管理的研究成果，可以将各种有关教育管理原则分成以下三大类。

①传统经验抽象型：这些是对新中国成立以来，我国教育管理的实践经验进行总结、概括而成的管理原则，例如，方向性原则、坚持党的领导原则等。

②领导方法抽象型：这些是从传统行政管理、领导方法中抽象而成的管理原则，例如，领导与群众相结合原则、民主集中制原则、制度化与规范化原则等。

③现代企业管理原则移植型：这些是将国内外现代企业的管理原则引申或移植至教育管理活动中，使其具有指导办学的价值，例如，整体化原则、封闭与开放原则、动态平衡原则、信息反馈原则、系统原则、整分合原则、能级原则、激励性原则、效益原则等。

此外，有的教育管理原则的表述是从自身的本质特性出发的，如教育性原则；还有的从一般管理特征的角度进行描述，如科学性原则、经济性原则等。确立高等教育管理原则必须充分考虑高等教育管理赖以进行的情景条件和客观依据，既要借鉴现代管理的一般理论，又要联系高等教育管理的特殊背景；既要追求理论上的相对完备性，又要强调对实际工作的指导意义。尤其要分析各条原则或原则体系是否涵盖，以及在多大程度上涵盖整个高等教育管理领域，从而给高等教育管理原则以科学、客观、合乎逻辑的定位。下面笔者简要从以下几个方面来分析确立高等教育管理原则的依据。

一、企业与行政管理借鉴

很多高等教育管理的思想和方法来自企业管理的启发，有的甚至就是借用的企业管理的方法。因此，研究企业管理就成了必然。在企业管理中，重视管理的目的、管理的效益、管理思想和方法等是值得高等教育管理者借鉴的。

（一）管理的目的

管理的目的是通过计划、组织、领导和控制，使生产经营活动规范并取得最大的效益和最好的效果，创造出更大的价值。

（二）管理的目标

严格来说，管理没有自己的目标，或者说，管理并不存在自己的独立的目标，而是依附于组织及其活动而存在的，管理者不是为了管理而管理的。管理的目标是与组织的目标联系在一起的。所以，研究管理的目标实际上就是研究组织的目标。

（三）组织的产出目标

一个组织要开展活动，必须具有人、财、物和信息资源，组织所获得的这些人力资源、金融资源、物质资源和信息资源就构成了组织的投入。运用资源或投入就可以产生组织的成果。成果是组织活动过程的最终结果，通被称为组织的产出。不同类型的组织，其成果的具体表现形式可能各不相同，但从一般的规范角度来看，任何成果都可以从多个方面加以考察和衡量，特别是企业管理。

（四）产量与期限

产量是从生产多少产品或者提供多少服务项目来反映产出水平的。产量可以用实物指标（如制造了多少钢材、生产多少台机床等），也可以用货币指标（如产值、销售额等）来衡量。至于提供的服务量，在实物指标上表现为处理了多少项维修任务，接待了多少名客户，答复了多少个电话等，这些在价值指标上的表现就是完成了多少营业额。另外，任何产出都必须在规定的时间里完成才有意义。交货有最后的期限要求，对组织中各部门每个人的要求也必须规定每天、每星期、每个月或每年需要完成多少数量的任务。离开了时间的规定，任何数量标准都将失去意义。

（五）品种与质量

无论是产品还是服务项目，都必须按照顾客对其需求的类别和特性来提供。电冰箱如果不能制冷，其质量自然是不合格的，而电冰箱的款式、颜色如果是不符合顾客的预期，也难以适销对路。因此，质量和品种是对产出的更内在、更本质的规定。质量可以通过产品的次品率、退货率，服务中的差错率及顾客的投诉被反映出来。

（六）成本花费

企业要将资源转化为成果，最理想的要求是使产量和质量控制在既定的成本花费之内。这种控制通常是建立在拨给一个单位的经费预算的基础上的。典型的经费预算是直接依据产量和质量来规定该项活动成本花费标准的。

以上是从产出目标角度对组织将资源转化为成果的活动过程水平的一种衡量。其总的要求是，管理工作要确保组织在活动过程中能按质、按量、按期、低成本地提供适销对路的产品或服务。

（七）组织的效率与效果

组织的绩效是对组织所取得的成果与所运用的资源之间转化关系的一种更全面的衡量。组织的绩效高低表现在效率和效果两个方面。所谓效率，是指投入与产出的比值。例如，设备利用率、工时利用率、劳动生产率、资金周转率、单位产品成本等，这些是对组织效率性的具体衡量。由于组织所拥有的资源通常是稀缺、有价的，所以管理者必须关心这些资源的有效利用。对于给定的资源投入，如果能获得更多的成果产出，那么就有了较高的效率。相似地，对于较少的资源投入，如果能够获得同样的甚至更多的成果产出，便也有了高效率。然而，管理者仅仅关心组织活动的效率是不够的，管理工作的完整任务必须是使组织在高效率基础上实现正确的活动目标，这也就是要达到组织活动的效果。效果的具体衡量指标有销售收入、利润额、销售利润率、产品利润率、成本利润率、资金利润等。利润就是销售收入与所销售产品或服务的总成本之间的差值。利润是经市场检验的衡量效果的一项客观的指标。效率和效果是两个有联系但并不相同的概念。效率涉及的是活动的方式，它与资源的利用相关，因而只有高低之分而无好坏之别。效果则涉及活动的目标和结果，不仅具有高低之分，而且可以在好和坏两个方向上表现出明显的差距。如果说高效率是“正确地做事”，那么，好效果则是“做正确的事”。在效果好的情况下，高效率无疑会使组织的有效性增强，但从本质上说，效率性和有效性之间并没有直接的联系。有时，一个企业的效率可能比较高，但如果所生产的产品没有销路，或者说不能满足顾客的需要，这样效率越高反而会导致有效性越差，因为，此时产品生产的越多，库存积压也就越多，从而导致企业赔的钱也就越多。所以，一个有效的管理者应该既能指出应当怎么做才能使组织保持高效率，又能指出应当怎么做才能取得好的效果，这样组织才具有最大的有效性。

（八）组织的终极目标

根据组织的性质不同，组织的终极目标可以有不同的表现形式。一些组织以追求利润和资本保值增值为主要终极目标，这样的组织被称为营利性组织；另一些组织则以满足社会利益和履行社会责任为主要终极目标，这样的组织被称为非营利性组织。营利性组织终极目标的实现程度可以通过经市场检验的较为客观的绩效指标来衡量，对于非营利性组织来说，其终极目标的实现情况往往须依赖定性的和相对主观的指标加以衡量。但不论组织所要实现的终极目标有何差别，管理工作的使命基本上是一样的，即都要使组织以尽量少的资源而尽可能多地完成预期的合乎要求的目标。只有这样，才能称得上是有效的管理。

（九）管理思想与方法

管理的实质是权力的利用和利益的分配，没有任何不存在权力和利益的管理。管理的方法多种多样，目前，还没有谁能准确地归纳出究竟有多少种管理方法，人们只能大致地、根据各自的思维方式进行归纳。传统科学管理思想和方法是以提供劳动生产率为目的而实施的具体措施。现代科学管理思想和方法在传统管理思想和方法上增加了现代科学思想和现代技术的元素，特别是其他学科知识在管理学科知识中的运用，管理学科知识在其他学科中的交叉，使得现代科学管理思想和方法更加丰富。因此，产生了许多新的管理思想和管理理论。管理思想经历了工业管理、人际关系、结构主义等发展时期。每一种新的管理思想的出现都是对前人管理思想的修正和完善，而不是否定。如今，科学管理时期泰勒在管理方面的研究是同教育中测量活动（如智力和成就的标准化测验）的兴起密切相关的。人际关系理论将注意力集中于组织的心理与社会方面，员工的参与、合作及士气与团体的凝聚力有可能使生产率得到提高，这种思想也影响到参与性的管理。人们在组织行为时期把古典的及人际关系的思想合并在一起，并从社会科学和行为科学中吸取一些适合于系统管理的知识和思想，最终使各种管理知识系统化和一体化。

行政管理的核心是职能性管理，其本质是权力的运用。传统行政管理思想和方法源于封建统治的管理方法，现代行政管理的思想和方法是在资产阶级工业革命以后及第一次、第二次世界大战以后逐渐形成的。行政管理在计划经济和市场经济两种体制下的运行也各不相同。因此，现代行政管理的思想与方法要立足于市场经济管理体制。

我国的高等教育管理受行政管理的思想和方法的影响最深，这是由高等教育与社会政治、经济体制的紧密联系所引起的。截至目前，不论是我国高等教育管理体制，还是国大学的内部管理体制，都与现行的行政管理体制在本质上没有太大的区别。行政组织级别、行政干部级别、行政工作职能、行政工作制度、施政程序等，无不被打上了政府行政管理的烙印。

企业管理对我国大学内部管理的影响正在逐步加深。企业管理对大学管理的影响最先反映在管理的方法上，例如，“目标管理”“绩效管理”“能级管理”“人本管理”等的思想与方法，在很多大学试行取得了很好的效果。

我国体制改革的深化必将影响到高等教育体制改革，改革的趋势与结果必将是高等教育行政管理越来越弱化，适应现代市场经济社会的高等教育管理思想和方法将会出现。

二、高等教育管理的特殊性

高等教育管理活动具有它的特殊性。

一方面，大学并不是企业，大学是事业性机构。以基本的利益原则来衡量，大学并没有被视为关心业主投资得到回报的企业组织，而是被视为为学生或整个社会服务的事业性组织。这并不是说高等教育管理者不关心或不应该关心实现目标过程中的有效性和效率问题，相反，大学在行为方式上需要企业精神，但是，大学的管理者和领导者必须认识到这些组织与企业的区别，并在实现其目标的过程中把这些区别考虑进去。

另一方面，任何高等教育管理活动都是围绕高等教育的目标这个中心来开展的。只有遵循高等教育管理的客观规律，才能顺利地实现既定目标。一般认为，高等教育的特殊的基本规律包括两个方面：一是高等教育与社会协调发展；二是高等教育与受教育者身心全面发展相适应。高等教育管理原则必须以这两个方面为前提才能避免高等教育管理与高等教育工作之间的对立和冲突，最终提高管理效益。

与一般管理活动相比，高等教育管理活动存在一些特殊关系，它们构成了这门学科专门的研究内容。例如，经济效益与社会效益的关系，人才培养与科学研究的关系，学术自由与行政管理的关系，个人利益与集体利益的关系等。

同其他管理一样，高等教育管理具有两重性，既有超越阶级和政治的一面，又有服务于一定的政治目的，是一定社会集团的政治工具的另一面。高等教育管理的政治性突出表现在教育方针和教育法规中。教育方针规定了办学的指导思想、培养人才的基本规格和基本途径；教育法规是占统治地位的社会集团对指导思想的法律认可和保护，它代表整个社会政治制度、经济制度、文化制度对教育的要求和约束，同时也界定了教育事业的责、权、利的范围。随着我国教育法规，尤其是高等教育法规的进一步完善，高等教育管理必将真正纳入法制化轨道。

与高等教育系统相对应，高等教育管理原则也构成了一个系统，高等教育管理原则体系同样具有目的性、相关性和整体性。原则体系的目的性在于指导具体的管理实践，使管理工作更符合客观规律；原则体系的相关性则指涉及高等教育管理过程的每一条原则应相互依存、相互补充；原则体系的整体性在于各原则围绕怎样提高高等教育管理效率这一目标结合为一个整体。一方面，高等教育管理作为整个行政管理系统的子系统，应充分体现现代管理科学的基本原则；另一方面，高等教育管理原则应能统领各层次管理的具体原则和工作方针。在确立高等教育管理原则之前，我们还有一项重要的工作要做，那就是对高等教育系统组织特征的分析。只有将一般的管理原则置于高等教育特殊的组织背景下，才能做出对高等教育管理原则的恰当概括，并在较深层次上理解和运用这些原则。

有了上述关于高等教育管理原则确立依据的分析，对现有的各种高等教育管理原则的表述做出评判便成为可能。例如，“计划性”只是在高等教育管理领域的某一环节具有意义，却不能涵盖整个高等教育管理领域；“教育性”强调环境的教育作用及各级管理人员以身作则的模范作用，属于广义的教育学要研究的范畴；“科学性”是一条具有普遍意义的原则，它与“方向性”

属于同一层次的概念，是指导所有管理活动的基本原则，却没有体现高等教育管理的特征；“规范性”属于更为具体的管理手段，是提高管理效益的前提，可以把这一要求作为“高效性”的一个方面来讨论；至于“民主性”“激励性”等，也是一般管理原则问题。总之，在现代社会的文明进入到一个新的发展时期的情况下，笔者把高等教育管理的基本原则确立的依据归纳为四句话，即和谐为先，法制为上，公平为本，效益为果。

第二节　高等教育管理的基本原则

人们追求的是这样一类高等教育管理原则，它们必须能较全面、准确地反映高等教育管理活动的特点、规律与本质，即它们是根据一般管理学的原理提出的，同时又特别适用于高等教育管理领域。它们在理论上是完备的，在实际工作中又是切实可行的，以便有效地指导高等教育管理实践活动。前面有关确立高等教育管理原则的依据的论述为科学分析高等教育管理原则提供了逻辑上和理论上的铺垫。笔者认为，高等教育管理基本原则有七个，即高效性原则、整体性原则、民主性原则、动态性原则、导向性原则、依法管理原则、公平公正原则。

一、高效性原则

高等教育管理的高效性原则是高等教育管理本质的直接体现和具体化。它要求以一定的高等教育资源投入培养和提供更多的合格高级专门人才和高水平的研究成果，或者说培养和提供一定数量的合格人才和研究成果。

任何一种社会机构或组织的活动都需要进行效益管理，都需要提高其工作效率。高效性原则揭示了高等教育管理追求的目标，即良好的办学效益，它包括经济效益和社会效益。办学效益的评判标准应该是高等教育所培养的人才和提供的研究成果对社会进步、经济发展、文化进步起到最佳的促进作用，高等教育的实施过程中最大限度地利用了各种资源、最大限度地减少了浪费。高等教育在总体发展规划、具体专业设置、人员聘用、经费使用等方面必须具有充分的灵活性和活力，这是保证办学效益得到提高的前提条件。不过，虽然如其他领域一样，高等教育系统也关心管理的效益，但联系高等教育的组织特征（如总体目标的模糊性、利益联系机制的松散性等），在分析高等教育办学效益时，有两点需要注意：一是在一定的周期内，高等教育所花费的成本和实际获得的经济收益很难精确衡量；二是高等教育的社会效益更无法用数字进行量化。通常能够计算出来的只是某些资源的利用情况，如人员、经费、设备、时间、图书资料等的使用效率可以得到一个概算。过去几十年，人们越来越关注教育组织的效益很大程度上取决于其人力资源的质量和状况。人力资源计算作为一门技术正在形成，依靠这一技术，人们可以计算一个组织中人力资源的价值，并估计管理政策的影响。但教育管理活动的复杂性和多样性使现有的技术无法对一些无形的、间接的、综合的、迟效性的教育管理效益做出客观、精确的测定。这就使人们难以回答如何才能促进高等教育管理效益的提高，或者说有哪些因素影响着高等教育管理效益的提高。

有的学者提出了测量教育管理效率的五个方面可供大家参考。

①用人效益，指成员潜能的发挥程度，具体考察现有人力、在用人力、实际有效使用人力，有效人数与实际人数的比率。

②经济效益，指投资的实际经济价值，投入与产出、有用耗费与无用耗费、有用效果与无用效果。

③时间效益，指时间运筹的有效利用率，法定工作时间与实际有效利用的工作时间的比率。

④办事效率也指工作效率，管理机构处理公务的实际成效，已办的事项数与应办的事项数的比率，正确处理的事项数与处理不当的事项数的比率，未办公务中由客观因素导致的事项数与由主观因素导致的事项数的比率。

⑤整体综合效益，指教育管理的社会效果，社会承认、满足的程度，等等。

二、整体性原则

高等教育管理整体性原则既决定于高等教育系统的整体性，又受制于培养高级专门人才的高等教育目的。管理是一个为了达到同一目标而协调集体付出时间和精力的过程。目标不但为管理指明了方向，而且是一种激励被管理者的力量源泉。特别是当组织的目标充分体现组织成员的共同利益，并使之与每一个成员的个人目标结合在一起时，就会极大地激发组织成员的热情、献身精神和创造力。在高等教育管理系统中，管理过程的各个环节及各个方面也是围绕一个统一的目标而运转的。这个统一的目标使得高等教育的各项工作融合为一个整体，高等教育就是要从这个整体出发，协调各环节和各方面的管理工作。系统的最大特点在于整体的功能大于各部分之和，这一系统特点为整体性原则提供了理论依据。系统的功能不仅体现在数量上，更重要的是体现在本质上。通常系统的整体功能相对于各组成部分的功能来说是一种质变。实际的管理工作中，经常遇到局部与全局的矛盾。从某个局部来看虽然能获得一定的效益，但如果整体的损失超过局部的效益，此时人们总是强调局部服从整体的全局观点。研究表明，人需要给予具体目标才能调动潜在能力，也只有在达到明确目标后，才会产生成就感和满足感。用以维系管理整体性原则的目标只有具体化，并渗透于整个管理过程之中，成为一种稳定的宗旨，才能真正发挥其统帅全局的功效。目标管理的核心是把组织的目的、任务转化为目标，并使组织的总目标与各个部门、个人的目标融为一体，形成组织、部门、个人方向一致，明确具体，切实可行的目标体系。它强调以目标指导行动，以成就和贡献作为管理活动的重点，特别强调目标实现的整体性。

同其他系统一样，在高等教育管理系统中，没有任何人或组织可以单独满足自身的需要，而不依赖与他人或组织的合作。没有基于管理目标的合作行为就没有管理的整体性，事实上，也就没有管理本身。高等教育管理系统中存在各种不同的工作目标，这是社会与组织分工的产物，它们有赖于高等教育总体目标指导下的相互配合。在具有不同功能的组织中，整体性原则的体现方式是各不相同的，一般而言，功利性为主的经济组织内强调竞争，以强制性为主的军事组织内强调服从。

和谐、团结、协作需要贯彻高等教育管理的整体性原则，但在高等教育组织的实际运作中，存在着多种形式、不同强度的冲突。及时诊断并将冲突带来的破坏减少到最小程度也是维护高等教育管理整体性原则的一个重要方面。所谓冲突，是指人们为了某种目标或价值观而相互争斗的状态。高等学校领域内的冲突多表现为成员心理、角色、地位的冲突和学术观点的冲突。冲突的功能具有双重性。经常的、强有力的冲突对组织中成员的心理和行为有破坏性的影响，疏远、冷淡、漠不关心、极端的对立情绪和进攻性行为等，这些显然会导致组织的涣散和管理效能的低下；但一定程度的学术思想冲突、辩论，可以促进学术研究的深入和发展。可见，因此，管理者在高等教育管理领域运用冲突原理，一方面要把冲突破坏的可能性降到最低；另一方面要使冲突产生有效的、积极的效果，以保证管理的连续性和整体性。

三、民主性原则

高等教育管理的民主性原则主要由高等教育管理的学术性所决定。要办好每所既封闭又开放的高等学校，不发扬民主，不充分调动师生员工的积极性和创造性是不可能的，所以，高等教育机构或组织在进行重大决策过程中必须发扬民主。高等教育领域人才荟萃，学术思想活跃。高等教育管理工作必须注意高等学校开展的学术活动要充分体现学术自由的特点。高等学校的教学和科研活动从其本质而言是学术性活动，而离开民主与自由，学术性活动便无法开展。高等教育系统是一个充满利益和权力冲突的系统，决策的制定和实施往往是各种力量协商的结果。这里任何独裁式的“一言堂”都有可能损害高等教育的学术价值。民主的基础是对个人价值的承认，学校如同其他社会机构或组织一样，要求一切受到决策影响的因素（法律、纪律、规章、决定、计划、标准等）都要反映出民主的精神和原则。学校的民主主要体现在学校重大事件的决策中，每个人都有权发表自己的意见，领导和组织必须在听取师生员工意见的基础上，按照科学的程序做出决定。我国实行的是民主集中制，所以，在民主原则的运用中，国家、集体的利益始终是第一位的，管理者应在此基础上正确处理好国家、集体、个人三者的关系。民主与公正是紧密联系的，在高等教育管理中，公正意味着建立严格透明的规章制度，人们享受公平的同时享受民主。公正要求做到平等、正大光明，不允许营私舞弊，而且要受到民主的监督。民主性原则要求在高等教育管理中制定决策的民主化、执行决策的民主化、检查决策执行情况的民主化、评定决策执行结果的民主化。

（一）制定决策的民主化

高等教育管理中计划与决策工作要充分发扬民主精神，这种民主精神体现在让被管理者，更确切地说让决策的具体执行者民主地参与决策的过程。这样可以集思广益，提高决策的科学性，使之更切合实际。管理者必须提高职工的参与涉及个人切身利益的所谓“敏感区”的问题的程度；有些问题虽与教师利益有关，但不足以让教师将它们作为个人问题给予特别的关心，即所谓的“矛盾心理区”，这时管理者可有选择地让教师参与。

（二）执行决策的民主化

管理者要随时了解和掌握决策的执行情况，并在此基础上调整和改进决策的执行方案和方法，以保证决策的顺利实行。在这一过程中，不论是了解执行情况还是调整、改进执行的方案和方法，都离不开民主的过程。管理者要尊重下属，要虚心向他们求教，及时而合理地对方案与方法的执行情况进行调整和改进。

（三）检查决策执行情况的民主化

检查决策执行情况时，管理者不能凭主观臆断，而要根据决策的目标、决策执行的实际情况，结合管理者的实践经验，实事求是地进行判断。在这一过程中，民主地让决策执行者参与检查工作是非常重要的。

（四）评定决策执行结果的民主化

决策执行结果的评定不仅关系到对本决策的制定者和执行者工作的评价，而且关系到下一个决策的制定与执行。评定工作也要贯彻民主性原则，以有利于激发和强化决策者与执行者的工作热情，有利于发挥和发展他们的创造性，最终有利于高等教育管理效益的提高。

四、动态性原则

高等教育作为一种社会系统，与外部环境处于动态的相互作用之中。开放系统的一个特点是能够影响其内部子系统，以便对各种环境中的偶然事件做出反应。管理活动与被管理者、管理环境之间有着本质的、必然的联系。根据对高等教育组织特征的分析，高等教育管理过程中要完成的任务、组织的结构、用来完成任务的技术和参与的人员都处于动态之中。这样，一方面高等教育活动须按照管理的基本原理和原则来进行，保持管理的相对稳定和应有秩序；另一方面高等教育管理的对象、内容、方式、手段等都在变化之中，要求管理者运用高等教育管理原则时应具有灵活性。

管理学中的权变理论为把普通的组织管理原则与各组织独特的、具体的情况联系起来提供了一条途径，它有三个基本观点。一是学校的组织和管理不存在一种最好的通用方法；二是在一个特定的情景中，并不是所有的组织和管理的方法都是同样有效的；三是组织设计和管理方式的选择必须建立在对情景中的重大事件进行细致分析的基础上。权变理论要求从有效实现组织目标的角度出发，灵活、动态地选择处理偶然事件的方法。例如，“民主型”领导和“专制型”领导哪一个更好呢？管理者用权变的方法分析这个问题时，首先要弄清“好”意味着什么，“好”也是相对的。因为管理者的意图是最大限度地实现组织目标，“好”可能被解释为“有效的”，这时候问题就变为“民主型”和“专制型”哪一种领导类型对实现学校系统的目标可能做出更大的贡献，这就要权衡组织运作的动态性和有效性。

五、导向性原则

高等教育管理的导向性原则主要是指通过管理手段引导所有的组织成员向着既定的目标努力。方针政策、工作措施、工作环境等都具有这种引导作用。

从政治导向的角度讲，高等教育管理导向性原则主要是根据高等教育管理的两重性提出来的。高等教育管理的自然属性使我国高等教育能按照对外开放政策，向国外学习先进的科技和管理经验；高等教育管理的社会属性则决定各国间的高等教育管理，必然要考虑不同的社会形态。一个国家的政治制度必然影响这个国家的高等教育，并且也必然地反映在管理上。在阶级社会中，国家与国家之间的社会活动无不被打上阶级的烙印，高等教育活动从培养人的角度出发，它的目的是培养国家及民族传承和发展的建设者和接班人。从这个意义上来讲，高等教育活动是形而上的，是上层建筑意识形态领域里的范畴，这是不可忽视和否定的。至于高等教育传播的知识，高等教育管理的具体方法，一般管理知识、技术、原则与方法层面上的内容，不是形而上的，不要把任何内容都政治化，这是管理者要充分认识清楚的。但是，也不能不提请重视，作为高等教育的宏观管理也好，微观管理也好，对于一个国家、一个民族，育人的方向性应该被放在首位，这是阶级社会的政治性决定的。

从管理工作导向来讲，管理的手段、方法、环境等主要是措施和条件导向。组织成员在管理者的旗帜下，自觉或不自觉地努力工作，还存在利益导向、心理导向的问题。这是从不同的角度看导向，运用导向性原则的问题。

六、依法管理原则

第九届全国人民代表大会常务委员会第四次会议通过了《中华人民共和国高等教育法》（以下简称《高等教育法》），这是指导和约束中国高等教育活动的根本大法。《高等教育法》共八章，从总则、高等教育基本制度、高等学校的设立、高等学校的组织和活动、高等学校教师和其他教育工作者、高等学校的学生、高等教育投入和条件保障、附则全面规范了高等教育的活动。一些方面是管理者应该特别注意的。

总则中，《高等教育法》准确地界定了高等教育的定义，什么是高等教育，即在完成高级中等教育基础上实施的教育，使人们对高等教育的基本概念有一个统一的认识。

高等教育的指导思想是指主办高等教育的指导思想，即坚持以马克思列宁主义、毛泽东思想、邓小平理论为指导，遵循宪法确定的基本原则，发展社会主义的高等教育事业。

高等教育必须贯彻国家的教育方针，为社会主义现代化建设服务，与生产劳动相结合，使受教育者成为德、智、体等方面全面发展的社会主义事业的建设者和接班人。

第五条规定了高等教育的任务是培养具有创新精神和实践能力的高级专门人才，发展科学技术文化，促进社会主义现代化建设。规定了国家主办高等教育的目的和任务，就是要根据经济建设和社会发展的需要，制定高等教育发展规划，举办高等学校，并采取多种形式积极发展高等教育事业。鼓励企业事业组织、社会团体及其他社会组织和公民等社会力量依法举办高等学校，参与和支持高等教育事业的改革和发展。按照社会主义现代化建设和发展社会主义市场经济的需要，根据不同类型、不同层次高等学校的实际，推进高等教育体制改革和高等教育教学改革，优化高等教育结构和资源配置，提高高等教育的质量和效益。

《高等教育法》规定高等学校应当面向社会，依法自主办学，实行民主管理。在管理体制上，国务院统一领导和管理全国高等教育事业。省、自治区、直辖市人民政府统筹协调本行政区域内的高等教育事业，管理主要为地方培养人才的高等学校和国务院授权管理的高等学校。国务院教育行政部门主管全国高等教育工作，管理由国务院确定的主要为全国培养人才的高等学校。国务院其他有关部门在国务院规定的职责范围内，负责有关的高等教育工作。

在高等教育管理的实践活动中，管理者可以感受到依法办事的重要性。这是因为，我国正在逐步向法制化国家的轨道迈进，高等教育活动中的矛盾只有通过法律法规的程序才能得到妥善处理，特别是国家与国家之间的矛盾，高等教育内部与社会其他部门之间的矛盾，高等教育组织法人与其他法人主体之间的矛盾，高等教育组织内部法人与法人之间的矛盾，高等教育内部成员之间的矛盾，等等。因此，依法管理的原则也显得越来越重要。

高等教育基本制度规定了高等教育的办学形式是全日制和非全日制教育形式，同时，支持采用广播、电视、函授及其他远程教育方式实施高等教育；规定了高等教育的教育层次分为专科教育、本科教育和研究生教育，以及规定了各类教育层次的修业年限、基本规格、学位管理、证书管理等；规定了高等学校设立的标准：具备教育法规定的基本条件，学科专业等科类的设置标准，高等学校的章程；规定了高等学校的领导和管理体制，法人资格，高等学校依法享有民事权利，承担民事责任，具有自主办学的权利与义务；规定了高等学校的性质、义务、功能及服务：应当以培养人才为中心，开展教学、科学研究和社会服务，保证教育教学质量达到国家规定的标准；规定了大学生的权利与义务；明确了高等教育的投入和条件保障制度。

依法管理的原则，就是要依据这些法律，还有教育行政主管部门规定的法规，来规范高等教育活动。从微观高等教育管理来讲，领导者要依法治校，建立健全各种规章制度，依法行政，通过制度来规范管理者的行为。

七、公平公正原则

公平公正原则是市场经济体制下高等教育管理活动的基础，是调动各方积极性，有效地完成高等教育任务，达到高等教育目标的前提。任何高等教育活动都是由人来完成的，公平公正是对人的教育心理活动的基本保证，如果缺乏公平公正，设计再好的管理活动，也难以达到满意的效果，因为不公平公正的管理活动挫伤了人的积极性，阻碍了人的主观能动性的发挥，影响了生产力。长期以来，许多管理者不太重视公平公正的原则，不注重管理活动中人的感受，把自己的意志强加于别人之上，通过权力来贯彻自己的意志，甚至打击了正义，鼓励错误行为，最终导致管理失败。

除了上述这些原则外，笔者还可以总结出其他的如权威性原则、可操作性原则等，在这里就不一一列举了。

第三节　高等教育管理原则的应用

人们研究高等教育管理原则的目的最主要的是将这种原则思想贯穿在具体的管理活动中，指导实施的管理方法和管理措施。目前，高等教育管理方式可以归纳为四种，即组织能级管理、目标绩效管理、标准量化管理、多种组合管理。在这些管理中，规划、组织、领导和协调可以考虑遵循某些主要的、最基本的原则。

一、组织能级管理

组织能级管理是一种较为传统的高等教育管理方式，它是通过一级一级的行政组织及其权力来实施对高等教育的管理的。这种管理方式中最主要的是强调计划性管理，强调上下级组织及管理者的服从管理。这种管理的终端组织的自主性差，管理链长，行政力度稍差，容易造成“尾大不掉”的现象。

这种管理方式对管理者的素质要求高，管理组织中的各级领导者尤其要注意遵循管理的民主性原则。在管理抉择和制订计划中，各级领导者不仅要听取同级组织中成员的意见，而且要听取下级组织中成员的意见，充分发挥民主参与的作用，使成员的智慧为我所用；同时，要让各级组织的成员充分理解自己的意图，认同自己的意图，只有这样，组织的目标才会很好地完成。

此外，依法管理的原则在组织能级管理中尤为重要。能级管理强调的是以领导者为中心，管理者依靠行政权力进行管理，往往会造成个人说了算的现象，而依法管理是对管理者的无序和独断专行的制约。

二、目标绩效管理

目标绩效管理是当前许多高等学校尝试的一种新的管理模式。教育目的与任务的不同，教育行政或教育组织目标绩效管理的内容也不同，但是，都是以体现教育价值的结果为目标的。管理者事先要确立一个客观的目标，然后，通过一个阶段管理活动的实施，评价管理活动实施的最终业绩和效果，体现管理的价值。因此，这种管理要遵循正确的导向性原则、目标与考核挂钩适度的原则、公平公正的原则。

一般来讲，目标绩效管理是一种完成中短期、阶段性任务的管理活动，是为中长期的规划和目标服务的，正确的导向性原则是指制定目标的指导思想导向应该十分明确，这种措施的导向就是为达到中长期的发展目标和工作目标服务的。目标的导向性对于组织的管理，特别是组织成员的心理目标的实现是很重要的，因为管理者确定的目标本身就是一种导向，通过具体目标的实现达到某方面工作的推进、某项事业的发展效果。这是管理者在实行这种管理模式的时候必须要考虑到的最根本性的问题。同时，在目标的具体指标任务上，这种管理要有导向促进作用。目标与考核挂钩适度是一个比较难把握的原则，因为它的核心是与集团组织或者个人的利益挂钩，是一种心理刺激最敏感、最有力度的方面，它要考虑很多客观的情况：第一，它与组织内部的人事分配制度有直接的联系；第二，它与组织外部的利益分配环境有很大的联系；第三，它与管理者的期望值、组织成员的期望值有很大的关系。这种度把握得好，导向的功能就强，导向就是成功的，反之，导向就是失败的。

在目标绩效管理中，一般来讲，管理的对象是多个组织、多个群体，因此，管理活动特别注重公平公正的原则。管理活动的公平公正原则主要有三个方面：一是指标体系确定的公平性；二是过程管理的公平性；三是考核评价的公平性。对于指标体系的确立，管理者要公平公正地获取真实的考核信息，严格执法，在最终的结果处理上不搞双重标准。不考虑组织及其成员中的差异性，不规范管理者自己考核过程的行为，价值信息结果提取不公平，矛盾处理中决断不公正，必将会导致价值的扭曲，影响管理的效果，甚至会导致管理活动的失败。

三、标准量化管理

标准量化管理模式与目标管理在某些方面有共同之处，它是高等教育行政和高等教育组织管理今后发展的方向之一。目前，国内的高等教育行政管理和一些高等教育组织已经开始探索和实施标准量化管理。例如，国家实施的高等学校教学工作水平评估就是典型的标准量化管理方式。同时，有些教育组织内部在某些方面推进国家质量论证标准的管理，特别是对可量化管理的活动已经实施标准量化管理了，如教学活动的过程管理，对于某些教师教学行为的规范要求、实验室实验教学的规范要求、教学管理的规范要求等都是可以量化的，在这些领域实施标准量化管理是一种有益的尝试。那么，这种管理方式要遵循标准的权威性原则、实施办法的简洁性原则和运行过程中的可操作性原则。

一方面，标准量化管理一定要有定量标准的权威性，不论是国家的、社会的，还是团体组织的标准量化管理，必须由权威部门组织权威专家制定质量论证标准，与目标管理一样，标准量化管理也同样存在标准的高低问题。缺乏权威性的标准量化管理往往达不到好的效果，搞不好会适得其反。

另一方面，标准量化管理最主要的问题之一是实施和操作过程中的简洁性及可操作性，这也是必须要遵循的原则。标准量化管理本来是一种非常明确的管理方式，但是，如果把标准弄得很复杂，结果将会事倍功半。

四、多种组合管理

目前，不论是高等教育的宏观管理还是微观管理，特别是有一定组织规模的管理，还不能说其只是某一种专一模式的管理，其可能是一种组合模式的管理。这是因为社会形态的多样性决定了管理模式的多样化。所以推进两个及以上的多种组合管理模式必须要遵循整体的原则、高效的原则。

作为一个团体及组织，总的目标是一致的，多种组合管理模式只是采取的方法不同，那么，在具体实施这些方法时，管理者要考虑整体性，否则，多种模式各自为政，结果会出现许多矛盾与冲突，导致组织内部的不平衡，这种不平衡产生投入与产出、付出与所得的差异，可能会影响最终的效果。不平衡是被容许的，因为没有绝对的平衡，如果这种不平衡是一种积极行为，那么，它应该具有正面的效应，但是，管理者要从整体考虑这种不平衡，因为，不同模式的实施是有成本的，要考虑整体的成本，以使最后达到共同的管理目标与效果。

在一个组织内部，多种组合管理模式是被容许的，但是，这里存在一个效率的问题。一个组织内部的多种模式管理不同于单一的模式管理，需要管理者付出许多精力，另外，管理的组织机构运转起来也稍复杂，势必影响管理的效率。所以，实施多种组合模式的管理要遵循效益性原则就显得尤为重要。

第四章　高等教育管理发展的特殊性研究

对高等教育管理的价值研究必须弄清什么是高等教育管理，以及它具有什么样的特殊性。本书第一章已详细分析了高等教育管理的概念，本章就着重对高等教育管理的特殊性进行研究。

第一节　高等教育管理活动的特殊性

高等教育管理作为教育管理中的一类，不仅有教育管理的普遍特性，而且有其自身的特殊性。相对而言，高等教育比起其他层次的教育更为复杂，不确定因素更多。除了人才培养外，高等教育还担负着知识创新、社会服务、文化传承与创新、国际交流等多项功能与职能，外部因素对高等院校管理活动的制约更大。大学组织的结构被多重分割，管理的系统性、统合性和学术自治的离散性同时存在，使管理活动的价值标准呈多样性。因此，高等教育管理不是简单地运用管理学的一般原理就可以奏效的，也不是采用一般教育管理的方法就可以解决问题的。高等教育管理有其自身规律性，有其独特性问题，这正是高等教育管理作为一种专门知识领域或者学科体系存在的依据。

高等教育管理活动相对于其他教育系统和社会系统而言有其特殊性。这主要是由高等教育系统的目标、组成、活动、结构与功能的特殊性所决定的。高等教育管理的特殊性主要表现在以下三个方面。

一、高等教育管理目标的特殊性

高等教育系统目标的特殊性决定了高等教育管理目标的特殊性。高等教育系统的主要目标是一种教育目标，它使如何培养人才的种种规格要求具体化、现实化，也就是培养社会所需要的高层次专门人才。高等教育管理正是要使组织系统中的每个子系统中的每个成员按高等教育规律办事，做好自己的本职工作，努力提高人才培养的效益和办学效益。高等教育系统的目标是根据高等教育自身规律以及人的发展、社会发展对高等教育的需求规律来制定的，所以，高等教育系统的协调活动也应该以高等教育的内外部关系规律为指导，而不能采用企业管理中的各种原则或原理来进行。从这个意义上说，高等教育管理是以更好地培养人才并且着眼于提高人才的培养质量为根本目标的管理活动，它不能也无法只追求经济效益。

二、高等教育系统组织的特殊性

高等教育系统的教学、科研是分专业、学科进行的，其管理过程有很强的学术性。也就是说，高等学校的基本职能就是传授知识、创新知识和应用知识，是以高深知识为媒介的。知识性、学术性是高等教育系统组织的本质属性和基本特征。

三、高等教育系统活动的特殊性

高等教育管理要协调学术目标与其他目标之间的矛盾。由于高等教育系统的主导性活动是人才培养，是传授、创新与应用知识，高等教育所培养的各类专门人才和高等学校所提供的各种科技成果在质量上主要是通过学术水平和应用价值的高低来衡量的，因此，学术目标便体现了高等教育系统的整体性质和本质功能。这就要求高等教育管理活动一定要以学术目标作为主导目标，与高校的学术目标相一致。鉴于高校师生是一个特殊的群体，在管理师生的过程中，民主性、自由性、学术性比任何其他社会系统的管理显得更加重要。教学民主、学术自由、大学自治是高等教育管理的内在要求和优先考虑的问题，国家应在有关高等教育的法律法规与政策制度中对此作出明确的规定。

第二节　高等教育系统——大学组织的特殊性

模式就是对一种事物高度简化的认识，它抽取了事物的内在特征，形成了人们对不同事物或同一事物不同属性的认识和一定的价值追求，便于人们从一定的角度认识事物。理论模式是对实际状况的一种抽象，使用模式来研究大学组织是高等教育管理研究的一个特点。这里所说的“模式”，是指符合大学组织生存运行的内在规律，具有正确的发展导向和行为要求的统一式样、运行机制、管理体制、解决方案的综合。由于大学组织系统具有复杂性的特点，对大学组织特殊性的研究可以从内部组织形态的维度来进行。

一、学院模式

研究人员最早用学院模式来描述大学组织的特征。米勒特认为，“学术共同体”是指这样一种组织，专门化的协作方式不是通过个人或小组之间的命令与服从关系实现的，而是通过达成一致目标的过程实现的。学院模式的大学组织的特征如下：建立开放性的论坛，以供参与者表达意见；专家具有权威，学者是学校活动的中心；采取集体决策方式，行政只具有执行决策的功能。

二、科层模式

斯托普在《高等教育中的科层》一书中指出，大学组织具有一些科层组织的特性。美国社会学家里茨尔指出，社会的麦当劳化（从传统思维转向理性思维和科学管理的过程）是科层逻辑的延伸，这是一个无法避免的趋势。它的特征是，可计算性、可预测性和可控制性。科层模式在大学中表现为商业化的教学资料、对学生和教师进行量化评价、整齐划一的教学内容等。

但是，更多的研究表明，大学的科层特性与“理想”的科层特性有很大的区别。社会学家布劳认为，大学具有劳动分工、管理等级的科层特性，但是没有对学术工作直接监督、制定详细的学术操作规则的科层特性。学者具有学术专长，因此他们需要一定的工作自主性，他们往往只愿意接受来自同行的评价。布劳通过实证研究发现，大学的规模与其科层特性呈反向变化关系，即规模越大，集权程度越低；随着一些表面科层特性（如管理等级）的增加，集权程度反而降低了。科层特性会对教育效果产生负面影响，但是对于研究工作没有什么影响。

三、政治模式

鲍德里奇针对上述两种模式的不足之处，提出了政治模式，并根据纽约大学政策变化过程对此模式的有效性进行了实证检验。政治模式的主要论点有：第一，大学中存在着不同的利益群体；第二，由于不同利益群体的存在，所以矛盾不可避免；第三，提高决策的参与程度可以缓解矛盾；第四，决策比领导和管理更重要。

采用政治模式的大学组织具有多种利益、偏好和目标的“子联盟”的特征。该模式的不足之处包括：过分强调了冲突和讨价还价的影响，而低估了常规科层过程的作用；没有充分注意长期决策模式，没有考虑组织结构也可以影响政治努力。

第五章　高等教育管理发展的价值研究

第一节　价值的解读

所谓价值研究就是对事物意义的探寻。高等教育管理的意义是什么？这是高等教育管理研究者必须在一定程度上或层次上予以回答的问题，也是所有的高等教育管理实践者不可回避的重大问题，还是学术立论与管理行为的根据。

高等教育管理的价值是人的价值追求的一种表现、一个方面。离开了人，单纯的高等教育管理是没有对象、没有意义可言的，从而没有什么价值可言的。价值因人而产生，因人而存在，因人而丰富。如果认为高等教育管理是为人而存在和发展的，那么它的存在和发展就应当具有人的根据。“于是秩序、自由、平等、公正就成为人类作为高级群体动物的必需。”“综观人的自然属性和社会属性，作为人都有对于幸福的渴望，而幸福的路径当然是人的全面自由发展。”管理的价值包含着人们对管理的主体期待，也包含着管理对主体需要的满足。其实也可以说，管理的价值是人对于管理的希冀，这也是管理对于人的意义。

人是一切价值存在的基础和前提，也是高等教育管理的价值存在的基础与前提，是高等教育管理的价值的最终归宿。人同时具有个体与社会的双重属性。个体是人存在的最基本方式，社会是人存在的基本形态。个体是管理价值产生和存在的最基本前提，社会则是管理价值产生和存在的最基本条件。没有人的个体和社会，管理的价值就没有必要产生，也不可能产生。将个人与社会结合，人们则可以考虑把人的自由而全面发展作为所有管理价值的终极目标与准则。当然所有的价值包括人的自由而全面发展，都应归结到人或人类自身。只有这样界定，价值才会永远具有自身的性质而不致被异化，才能使高等教育管理的价值永远成为对于人的意义。笔者力图把人作为更严格意义的起点、中心来认识高等教育管理的价值。

在理论研究中，基本概念是相关理论建构的基础，它直接影响和制约着整个理论的发展路径与发展状况。无疑，高等教育管理的价值概念是高等教育管理的价值理论的基本范畴，也是整个高等教育管理的价值理论体系的基础。

一、价值

价值作为哲学上独立的研究对象，是人文社会科学理论与人类社会实践发展到一定阶段的产物。当今，“价值”这一术语虽然被广泛应用于人文和社会科学的研究之中，但是，对于价值的含义，却众说纷纭。

（一）价值的内涵

“价值”的本义是“可宝贵、可珍惜、令人喜爱、值得重视”。它源于古代梵文wer、wal（围墙、护栏、掩盖、保护、加固）和拉丁文vallum（堤）、vallo（用堤护住、加固、保护）。取其“对人有维护、保护作用”的含义演化而成。

在西方，“价值”一词的含义十分复杂。价值论著名学者富兰克纳总结了西方“价值”一词的使用情况及其基本含义，他指出，“价值”及其同源词、复合词，以一种被混淆和令人混淆而广为流行的方式，应用于当代文化中——不仅应用于经济学和哲学中，而且应用于其他社会科学和人文科学中。“价值”这个术语在意义上和用法上的扩展，最初始于经济学，即当时所谓的政治经济学，随着这一过程的发展，“价值”成了经济学中价值理论的中心术语。而一些哲学家如尼采等，则在更加广泛的意义上来理解价值和价值准则的概念，并在他们的思想活动中赋予这些概念以重要的地位。通过奥地利迈农、艾伦菲尔斯的著作以及德国舍勒、哈特曼的研究，一般价值理论的观念在欧洲大陆和拉丁美洲普及开来。在英美，这种观念有相当广泛的影响。培里、杜威、泰勒等人将其发展、创新，弘扬光大。对“价值”“价值准则”的广泛探讨也随之延伸到了心理学和其他社会科学、人文科学中，甚至日常谈论话题之中。

“价值”的用法即便在哲学家那里，也是多种多样的。在富兰克纳看来，它们大致可以被归纳为以下三种用法。①“价值”有时被用作抽象名词：在狭义上只包括可以用“善”“可取”和“值得”等术语来恰当地表示的东西；在广义上则包括了各种义务、美德、美、真和神圣。②“价值”作为一个更具体的名词：往往被用来指被评价、判断为有价值的东西，或被认为是好的、可取的东西；也被用来指有价值或是有价值、好的东西，“各种价值”就意味着“有价值的各种东西”“好的各种东西”或“各种善”。③“价值”一词还在“评价”“做出评价”和“被评价”等词组中被用作动词。富兰克纳在概述了西方学者的“价值”用法之后说，像“价值”这样的词可以、也的确有多种多样的用法，即使人们小心翼翼地使用它们也是如此；遗憾的是，在哲学和其他学科中人们往往并不小心翼翼地使用它们。在使用这些术语时，人们应当选择一个清晰而又系统的方案，并力图前后一致。

“价值”一词在我国的使用主要有三种基本的含义。一是在经济学中使用的价值概念，指体现在商品中的社会必要劳动，即商品的劳动价值。这是经济学研究的主要对象。至于商品的使用价值，经济学虽然承认，但并不以其为研究的对象。二是在日常生活中和某些社会科学中运用的价值概念，指客观事物的有用性或具体的效用，其中也包含着经济学承认但拒绝作为主要研究对象的商品的“使用价值”的含义。三是哲学中使用的价值概念，指客体对主体的功用、属性或意义。正如日本著名思想家牧口常三郎所指出的，“没有人否认这个事实，即包括经济学、教育学和哲学在内的社会科学的所有领域，都以价值作为研究对象”。

在哲学领域，随着我国哲学价值论研究的开展和深入，许多学者从不同的视角对价值概念进行了不同的诠释。有的学者认为，价值一般是指客体对主体的意义；也有学者认为，价值是客体的属性对于满足主体需要的积极意义（正价值）或消极意义（负价值）；还有的学者认为，价值应是客体对主体的生存和发展的效用。有的学者糅合了上述观点，提出自己的主张：价值“是指客体的存在、作用以及它们的变化对于一定主体需要及其变化发展的某种适合、接近或一致”。也有人认为价值是指“一切能够满足人和社会需要的东西。换言之，‘价值’是指物满足任何社会需要的那种属性，即物对人和社会的有用性，是指对人的生存、发展和享受具有积极意义的一切东西”。还有学者认为，“所谓价值，既不是有形的、具体的存在所构成的实体，又不是客观对象与主体需要之间的满足与被满足的关系，而是人类所特有的绝对的超越指向”。价值立足于客体与主体需要之间的满足与被满足的关系，但并不局限于这一关系。

苏联学者认为：“所有研究价值问题的哲学家，不管怎样都通过‘意义’的概念确定价值范畴。”我国学者也有这样的见解：“所谓价值，这里也可以理解为客体对于主体所具有的意义。”相比较而言，把价值规定为客体对于主体的意义有一定的说服力，但也存在价值意义被泛化的风险。杨国荣教授在一篇《论意义世界》的文章中，对意义进行了分类，这对于哲学上讨论价值的定义很有启发性。“意义问题在现代哲学中具有重要地位。……以本体论、价值论和认识论的统一为视域，将意义置于更广的论域之中。在这一论域中，意义的内涵或‘意义’涉及‘是什么’‘意味着什么’、‘应当成为什么’诸问题。事物的意义的意义，都是从存在事物相互间的关系基础上产生的意义，又是独立于这些关系的意义的表示，是某一事物相对于另一事物或自身的意义”。

无意义的和有意义的一切事物构成了整个世界，而整个世界万物又包含了事实世界与价值世界两个方面。自然关系中的事物当然地属于客观的事实世界，社会关系中那些本体性存在与活动的事物，同属于客观事实世界。事实世界也是有意义的，但不一定有价值。只有当事实世界进入价值关系时，事实世界才能成为价值事实或价值实体，即只有当在人的活动中使客体属性满足主体需要时，才进入了价值论视域。马克思、恩格斯在《神圣的家族》中指出："创造这一切、拥有这一切并为这一切而斗争的，不是‘历史’，而是人，现实的、活生生的人。历史不过是追求着自己目的的人的活动而已。"

在自然关系中产生的自然意义，是指事物之间的那种互为生存条件、互相影响的关系意义。自然意义是哲学指称的一种本体论、存在论的意义。恩格斯哲学中的自然辩证法，虽然是从脱离人的纯粹自然界出发阐释的，但也只能揭示自然科学的基础理论，而自然界内在关系的意义的揭示，需要从物理学、化学、生物学、生命学等角度去探索，属于自然科学的意义范畴。正是在这个意义上，辩证法与马克思的历史观有着根本的区别。马克思是从人类有目的性的实践活动出发阐释自然物质观的，马克思的历史观中包括了价值考量。世界的时空关系构成了宇宙和人类社会的一切存在。事物之间存在的意义，都是从存在事物相互间的关系基础上产生的，又是独立于这些关系的意义表示，是一个事物相对于其他事物或自身的意义。自然之间的意义关系没有价值关系中有目的的人的实践活动，因而不能称自然意义为价值。爱因斯坦早已断言，"关于事实和关系的科学陈述，固然不能产生伦理的准则"。马克思强调价值意义建立在人的劳动实践基础上，"劳动是唯一的价值源泉""价值本身除了劳动本身没有别的任何物质""意义、作用关系普遍存在于一切事物之中，而价值关系却只与人有关"。"自然意义也是价值"观点的谬误，在于自然意义没有人的实践活动环节，价值关系不能成立，因而不能被赋予哲学范畴的"价值"内涵，而自然事物之间产生的相互影响只能被称为一般的自然界"意义"。

如果一定要用"价值"表示这种自然界事物之间所具有的意义，那么，此"价值"范畴并非哲学上的价值范畴，而属于自然科学的"价值"范畴。而哲学意义上的价值，是指人的实践活动对客体属性满足主体需要的程度意义。价值哲学讨论的问题包括真善美、价值事实、价值关系等。价值范畴有正义、理想、自由、效率、公平、和平、发展、秩序、道德、诚信、尊严、仁爱、美满、幸福、快乐等。这些价值都是产生于具体的价值关系之中，却都具有独立意义，在不同的价值关系中，其含义是不同的。因而，价值不是关系范畴，也不是一般意义范畴，而是专指与人的活动相关联的意义范畴。价值意义的产生，只能通过人们的实践活动使得客体属性满足主体需要这样一种价值关系。价值是意义世界中的一种意义，意义世界的内涵要远远大于价值，从意义世界推论未必就是价值。

当然，人们还须分辨“价值意义”的界域。人们谈论的价值，往往与精神的“价值意识形态”和观念的“价值意识”掺杂在一起。而哲学的“价值意义”定义与“价值意识形态”和“价值意识”是有着严格的区别的，同时又有着紧密的联系。“价值意识形态”（如社会主义核心价值体系）是一种非物化的精神理念，是一种价值客体；而“价值意识”（如人们对真善美的认知）是人们的认识观念，存在于人们的思维中，属于价值观范畴。“价值意义”是产生于特定的价值关系、基于实践活动的客观存在。“价值意义”虽然必须通过主观才能认识到，但不管主观是否意识到，它都是客观地存在着。个体的价值观必须不断地调整校正，才能符合客观的价值意义和价值生成规律。“价值意识形态”可以作为一种价值规范的预设，可以此为价值导向，亦可成为价值主体需要和追求目标，价值主体可不断地通过价值实践来实现它。但“价值意识形态”的制定，同样必须符合实际价值意义生成的规律，否则，就是脱离实际的，或者说错误的。

“哲学就是最一般的价值理论”“哲学绝对不能脱离价值的观念，它总是强烈地、明确地受到价值观念的影响，哲学只有作为具有普遍价值的批判科学才有生命力。从哲学上来看，自 20 世纪 80 年代以来，随着价值哲学研究在我国的兴起，学者们对价值的哲学研究，可谓众说纷纭、见仁见智。概括地说，国内关于价值哲学的研究主要有以下几种观点：第一种是以李德顺、袁贵仁为代表的主体性人学价值论；第二种是以李连科为代表的主客体统一论；第三种是以王玉樑为代表的效应价值论；第四种是以赖金良为代表的人道价值论；第五种是以张华夏、黄海澄为代表的广义价值论或系统价值论；第六种是以张岱年、何祚庥为代表的价值二重性论。

无疑，以上各种观点的碰撞与交流，为人们正确地理解价值的哲学含义提供了广阔的选择空间。应该说，以上关于价值的哲学观点，都从不同的侧面揭示了价值的特性。从总体上看，学术界对于价值的定义虽然纷繁复杂，但都可以分为两大派别，即属性说和关系说。属性说认为价值是一种主体或者客体的属性，价值概念是一种属性范畴；而关系说认为价值不是某种事物的固有属性，它是一种关系，是一种主客体关系性的存在。

尽管对价值的理解歧见纷呈，但笔者采取哲学管理的元认知方式，力求系统分析高等教育管理的价值问题，希冀能建构出高等教育管理价值论，以此来统摄和提升高等教育管理学理论。在这样一种设想之下，基于论著的研究旨趣，在立论之前，在众说纷纭的价值“丛林”中，有所选择、借鉴和利用，对价值的含义作出一个明确的界定就显得很有必要。

马克思曾经指出，“‘价值’这个普遍的概念是从人们对待满足他们需要的外界物的关系中产生的”，是“人们所利用的并表现了对人的需要的关系的物的属性”。马克思的这一论述，对于高等教育管理价值的研究有十分重要的指导意义。但是，随着研究的深入，我们也必须进一步地发展和推进这一理论。笔者借鉴“关系说”和“属性说”的思路，从“关系—意义”的视角提出，价值是客体对于主体的意义，包括客体对于主体的需要的满足和主体关于客体的绝对超越的指向两个关系方面。

文德尔班指出，人类面临着二重世界，即“事实”的世界与“价值”的世界。“价值”世界的主体是人与人之延伸与结合，而不是物。最基本的且最终意义的价值主体只能是人。价值从根本上说都应当是相对人而言的，价值为人而产生，为人而存在，人是一切价值的主体。价值的客体主要是物，是指人主观世界以外的客观实在，即“事实”的世界。它可能是物质形态的，也可能是意识形态的。作为物质形态的物自不必多言，作为意识形态的物则包含着道德规范、宗教规范、法律规范、政治策略、社团规章、组织纪律等。作为价值客体的“物”既包括“自然物”，又包括“社会物”。作为价值客体的不仅有物，而且包括作为价值客体的人。人在总体上是价值主体而不是价值客体。

价值的前提是人的需要。没有人的需要，价值就不可能得以体现，就不存在价值问题。人的需要是多层次、多方面的。笔者认为价值就是客体对主体的有意义性，体现了主体对客体关系的指向性。价值的内容“对于人的意义”，一是客体对于人的需要的满足；二是人在处理客体与人的关系时关于客体的绝对超越的指向。作为对于人的需要满足的价值是最直观的价值表现。所谓绝对超越的指向，是指价值在主体处理主客体关系时对于主体始终具有的不可替代的指导意义。“绝对”一是指价值与主客体关系始终同在，在时间上是绝对的；二是指价值对于主体具有不可用其他替代的性质，在性质上是绝对的。“超越”一是指价值作为永远追求，总是超越于主体的能力的；二是指价值总是高于现实的，是主体的理想。人是一个未完成的特定性存在，因而，理想性便必然成了人类主体的一个基本维度。正是理想性赋予了人的生活的意义，使人诗意地栖居在大地上。作为绝对超越的指向，价值对人类的行为和思想具有根本的指导意义，甚至是人的精神企求与信仰。价值在满足人的需要的同时作为一种绝对超越的指向，包含着人类的要求与愿望。它属于人的理想范畴，是人的思想与行为的目标，在指导人类的同时，又评价着人类关注的外在物与自己之间的关系以及人类的相关思想与行为。哲学家们只是用不同的方式解释世界，而问题在于改变世界。人类正是在人类主体价值理想的指向下改造现实世界，以实现人类的理想世界。

（二）价值理论

对于价值的思考和研究最终形成了价值理论，价值理论也被称为价值论或价值哲学，基本的含义是指人们关于价值的系统化的理性认识。

从思想渊源上讲，价值哲学的产生发端于休谟在《人性论》中提出的要区别“是”与“应该”的思想。从这个思想出发，休谟把知识区别为事实的知识与价值的知识。康德赞同休谟的这种区分，他把世界分为事实世界和价值世界。但是价值理论在康德的著作中并不占有显著的位置。学术界普遍认为的价值论之父是德国的两个哲学家洛采和尼采。现代价值哲学的诞生，是德国古典哲学的一次涅槃重生。洛采的学生、新康德主义弗莱堡学派的文德尔班称：“价值学或有关价值的学说是最近才独立出来和日趋完善的理论。在近代哲学语言中选用‘价值’一词是由洛采首先开始的。”由于洛采果断地提高了价值观的地位，甚至将它置于逻辑学和形而上学的伦理学的顶端，激起了许多对于“价值论”的种种倡议。洛采将世界分为现实事物的领域、普遍规律的领域和价值的领域三个领域；把价值作为一个独立的世界；认为它是善、美和圣的世界，是目的的世界，在这个世界中，理性和逻辑都是无用的，只有情感才起作用。几乎与洛采同时代的尼采则喊出了“重估一切价值”的口号，从而将价值变成了当时最重要、最热门的话题。在尼采看来，“价值”是人类生存的基本特征，也是文化的真髓。他认为，“任何民族不判断价值，便不能生存”“评价，然后有价值；没有评价，生存之核桃只是一个空壳”。而人之所以为人的根本原因就是因为他是一个评价者。“人们为着自存，给万物以价值——他们创造了万物之意义，一种人类的意义。所以他们自称为人。换言之，价值之估定者”。文德尔班的学生、新康德主义弗莱堡学派的继承人李凯尔特认为：“关于价值，我们不能说它们实际上存在或不存在，而只能说它们是有意义的，还是无意义的。”

价值论是哲学发展到现阶段的科学成果。“哲学的发展是逐步深化的过程，是由本体论到认识论，再到历史观，然后再到价值观的过程。”在古代，由于社会发展的水平不高，人们的认识水平也不高，科技水平也较低，因此哲学主要解决的是世界的本原问题，研究的是本体论。在近代，随着生产力，尤其是科技的发展，人类对世界的认识也不断得到深化，哲学逐步开始了对认识论的探讨。在科学技术的进一步发展中，人类的认识也得到了更进一步的发展。尤其是马克思主义的产生，马克思主义的唯物史观被创立，哲学从认识论发展到历史观。19 世纪 70 年代以后，随着生产力的进一步发展和科学技术的巨大进步，人类开始由蒸汽时代过渡到电气时代，出现了一次新的产业革命。人的本质力量得到进一步增强，创造的价值更多，人的价值也得以增加。这就要求人们重视价值问题。在这种情况下，一些哲学家开始思考价值问题，在欧洲大陆，德国新康德主义的弗莱堡学派甚至认为价值问题是哲学研究的中心问题，认为哲学就是研究普遍的价值。文德尔班认为，“哲学以具有普遍价值的那些价值为自己的领域，为自己的问题。这些具有普遍价值的价值是文化和文明全部功能的组织原则。是人生一切特殊价值的组织原则。哲学描述和解释这些价值，只为了对它们的价值加以说明；不把它们当作事实，而把它们当作标准。所以，哲学把自己的任务发展为‘制定规律’，而不是任意专断地颁布规律，这些规律是它所发现并把握了的理性规律”。就这样，价值问题开始超越经济学领域，进入哲学领域，逐步形成一门独立的哲学学科——价值哲学、价值论或价值学。在本体论、发展观、实践论、认识论、历史观的基础上，进一步研究价值论，是现代哲学发展的基本特点和主要趋向。

在我国，价值论研究应源于 20 世纪 30 年代，最早肇始于经济学界，后进入哲学领域。张东荪的《价值哲学》就是其中的一个代表。张东荪出版了《价值哲学》一书，但未能引起学术界的应有重视。从他对价值理论发展与意义的认识，足见价值论在当年的发展情形与那个时代哲学家对价值论的认识。1949 年以后，我国哲学界不仅不研究价值哲学，反而将价值哲学视为资产阶级哲学并加以批判。偶然翻译出版的一本《论生活和文化的价值》，也是被作为批判资料出版和使用的。当时我国学者无人涉足价值论或者价值哲学。我国如同苏联一样，都把价值学与价值理论当作“资产阶级唯心主义”哲学，认为“辩证唯物主义摈弃价值哲学”。20 世纪 60 年代，苏联意识形态解冻后才兴起了对价值哲学的研究。我国对价值论进行比较集中的研究应开始于 20 世纪 70 年代末，80 年代初关于真理标准问题的讨论之后。哲学界认为“价值哲学是改革开放以来在我国哲学界兴起、至今方兴未艾的重要研究领域。关于价值哲学的已有的研究论文难计其数，涉及价值哲学的方方面面；关于价值哲学的学术专著也有相当的数量”。其中，以李德顺的《价值论》、李连科的《价值哲学引论》为代表。现在，价值论的论文数量已相当可观，价值论专著陆续问世。它们从不同侧面、不同角度展开了对价值问题的全面研究，提出了许多颇具学术意义和实践意义的价值学说。然而，价值论研究在我国毕竟刚刚起步，许多主张和看法还有待于深入，许多基本概念也还未能取得一致的认识。就是对于价值论的名称，哲学界也有不同的表述方式。“价值论”“价值哲学”“价值学”“价值理论”都是被普遍使用的称谓。

现在，不仅哲学界重视价值问题，而且文学、美学、史学、法学、管理学、文化学、教育学等都很重视价值和价值观。在国际上，由于人文科学，特别是价值问题研究的深入、社会发展的理性需要，价值问题逐步引起了哲学之外的其他人文学科的重视，价值研究开始了向其他人文学科的渗透。培里和泰勒就列出了如下八大价值领域：道德、艺术、科学、宗教、经济、政治、法律和习俗或礼仪。管理制度是人的创造物，只能根据人的理念，即创造的目的或价值来理解。所以对任何管理现象不可能采取价值无人的观点。管理又是一种文化现象，即与价值有关的事实。在国际哲学社会科学领域价值论受到普遍重视的时代背景下，走向开放和世界的中国高等教育管理学界也开始了自己的关于高等教育管理价值理论的研究。

二、管理的价值世界与价值认识

价值世界又叫价值王国，是对价值现象领域或人类生活世界层面的总体称呼。价值世界常常被用来区别于“存在世界”“现实世界”和“事实世界”不同的世界，被称作“第二世界”或“第三世界”（“主体世界”为第一世界，“客体世界”为“第二世界”）。马克思主义认为，价值现象是现实世界、人类生活世界中的一个特殊领域，并不是物质世界之外的神秘王国，也不是一个纯粹的精神世界。价值世界是价值认识的对象，是价值认识得以形成的前提，也是各种价值认识综合而成的整体。价值世界并不同于自然世界，却是人类不可缺少的精神空间，它包含和体现着人类价值认识的有意义的成果与状态。

（一）高等教育管理的价值世界

人类究竟是在怎样的世界中生活的？关于这个问题，哲学家们一直在进行着不懈的探索。经过苦苦的探索，哲学家们终于发现人们生活在两种关系之中：一是人与客观事物以及客观事物相互之间的关系，这些关系包括逻辑关系、物理关系、化学关系、生物关系等，笼而统之，即事实关系；二是客观事物以及它们与人类之间的事实关系对于人类生存与发展的意义，即意义关系。前者可以说是事实世界的基础和内容，后者则可以说是意义的世界，即价值世界的基础和内容。人类既生活在事实世界中，又生活在价值世界中。康德就以休谟把知识划分为事实知识和价值知识的理论为基础，把世界分为事实世界和价值世界，认为事实世界是人们可以经验到的现实世界；价值世界则是人们可以经验到的现象之外的本体世界，是真正自觉自由的世界。人类的理性能力是有限的，只能把握事实世界、现象世界，而不能认识价值世界。

就人类的管理活动与高等教育管理活动来看，人类也同样生活在管理的事实世界和价值世界之中。管理的事实世界是最直接的客观世界。各种管理事实和关系都是管理世界的构成元素。它们是管理世界的基础。但是管理世界并不仅限于事实世界，还有一个价值世界。价值世界与事实世界并存，与事实世界共同构成管理世界的整体。

任何一个高等教育管理制度，本身就是一个事实。这个事实蕴含着大量的意义。“一部专利法，它所关注的是专利及其运用——专利产品的生产等事实，但是它追求的往往是物质生产力的提升，是生产效益的提高，是物质生产的发展或者进步。它的价值追求是给专利发明人以法律权利，给世界以新的发展手段，促使人获得更全面的自由发展。”同样，我国关于贫困大学生救助条例与政策所关注的是贫困现象，但是它所追求的价值则是社会公平与基本人权的实现，甚至是使每一个个体都获得生存与发展的最基本条件。所以，人类同时生活在事实世界与价值世界之中，是两个世界的主体。

（二）管理价值的认识

人类对世界的认识包括两个部分：事实认识和价值认识。曾有哲学学者这样概括事实认识和价值认识之间的关系，“人类对世界的认识也可以分为两个具体的形式：事实认识与价值认识。……事实认识主要是关于‘是如何’的认识，而价值认识主要是关于‘应如何’的认识”。管理的价值认识也是与管理的事实认识相对应的。管理的事实认识所要解决的问题为“是什么”或者“怎么样”；而管理的价值认识所要解决的问题则是“应如何”或者“该怎样”。管理的首要问题显然是解决“是什么”或“怎么样”的问题，然后才是在解决“是什么”或“怎么样”的问题中得到对于价值的认识。休谟认为，思想意识若是不知不觉地从“是”或“不是”的事实命题出发，到达“应该”或“不应该”的伦理命题（价值命题），缺乏相应的环节和逻辑根据。元价值论的研究则是一切价值判断背后的价值原理和价值方法。韦伯认为：“个人的价值判断会对尚未被明确承认的科学观点发生影响，这些价值判断引起了长期的混乱甚至在决定事实之间简单的偶然联系。”马克思认为：“普遍意识不过是以现实共同体、社会存在物为生动形式的那个东西的理论的形式。”作为客体的属性存在是一种事实判断，同时也具有满足主体需要的及其程度的一种价值判断，因而价值判断必然是建立在事实判断之上的。

事实认识与价值认识之间，“其区别主要表现在：事实认识一般以理性的形式出现，而价值认识一般以情感的形式出现；事实认识一般以精确的形式出现，而价值认识一般以模糊的形式出现；事实认识一般以抽象的形式出现，而价值认识一般以直观的形式出现”。管理领域的事实认识和价值认识也具有同样的区别。管理的事实认识更多地具有理性的、精确的和抽象的形式，而管理的价值认识往往具有情感的、模糊的和直观的形式。

价值的思维形式是主观的，内容则是客观的。许多哲学学者认为，在事实认识与价值认识之间，“其联系主要表现在：事实认识最初是从价值认识中逐渐分离出来的，它又反过来促进价值认识的发展；价值认识必须以事实认识为基础，而事实认识又必须以价值认识为导向；事实认识与价值认识相互渗透、相互促进；价值认识为事实认识确立发展方向，而事实认识为价值认识开拓视野”。管理的价值认识与管理的事实认识的联系同样是十分紧密的。在管理的事实认识与管理的价值认识之间，管理的事实认识从管理的价值认识中分离出来，又反过来促进管理的价值认识的发展；管理的事实认识是管理的价值认识的基础，管理的价值认识是管理的事实认识的导向。这两点特别值得学者加以注意。因此，学者在研究高等教育管理价值范畴及其体系时，应注重从高等教育管理的价值定位切入；必须从现实的高等教育管理生活实践出发，而不能简单地抽象地从“概念”“原则”“理论”“人性”出发；建立符合高等教育管理生活实践的存在和发展需要的高等教育管理价值范畴，以解决高等教育管理生活实践的存在和发展中需要解决的价值问题。

第二节　高等教育管理的逻辑起点

学科大厦的基础是学术概念，而学科大厦的框架结构就是理论体系，没有一系列学术概念、范畴、原理及其有机联系形成的理论体系就无所谓学科。要使高等教育管理理论从不成熟向成熟、更成熟的方向发展，就应当建立科学理论体系，这是高教理论界、学术界今天所达成的共识和根本性的核心任务。

一、关于逻辑起点的理论研究

高等教育管理理论体系概括起来有三个特征：首先，它注重揭示高等教育管理内在联系和深层次的运动规律；其次，它是一种用于说明高等教育管理本质特征的抽象体系；最后，它具有广泛的实际运用范围。而正确确定逻辑起点对于构建高等教育管理价值理论体系至关重要。长期以来，不少学者对高等教育管理理论体系的逻辑起点进行了不懈的探寻，但其逻辑起点究竟是什么，目前学术界尚有很多争议。

（一）研究起点与逻辑起点

逻辑起点是对理论体系的基本问题进行回答所必须使用的关键概念，不是研究起点、研究对象，也不是研究的任务、意义和目的。逻辑起点是理论体系中最简单和最抽象的概念，和历史起点具有一致性，是对“认识角度”、构成事物的基本矛盾、事物的“细胞”或“胚芽”、构成事物的“原始的基本关系”等的集中体现和高度概括。当然，逻辑起点往往是与认识起点相一致的。

（二）逻辑起点论的基本主张

逻辑起点论主张建构高等教育管理理论体系首先应把握其逻辑起点。既然逻辑起点是研究对象的基本单位，是构建一个学科体系最简单、最抽象的概念范畴、起始范畴，是理论体系的思维出发点，对于整个逻辑行程具有定向、规范作用，那么，检验逻辑起点是否科学就必须满足以下三个条件：第一，逻辑起点必须是研究对象最基本、最普遍的现象；第二，逻辑起点必须与历史起点相一致；第三，逻辑起点必须蕴含着整个体系发展过程中一切矛盾的“胚芽”。

（三）确定理论体系逻辑起点的研究方法论问题

有学者认为，只有在明确基本问题并做出解答，而且用对基本问题的回答作为基本命题，从一般到具体逐层演绎，才能得到内在逻辑明确清晰的理论体系，这就涉及了以基本问题和基本命题来确定高等教育学理论体系逻辑起点的研究方法论问题。

研究方法论是指研究者的基本立场、研究视角和相应的一整套概念和假定，是研究者借以观察和研究世界的视野和参照框架，是观察世界的思想之窗，库恩称之为研究的“范式”。学者王伟廉认为，一个新的范式必以一种新的方法或角度，或者以一种新的理论基础为起点来研究高等教育学理论。而对高等教育学理论体系的研究方法论会从三个方面入手：一是方法范畴；二是学科基础范畴；三是学科性质范畴。无论采用何种研究方法论，都必须具有科学的指导意义。

二、影响对逻辑起点进行合理抽象的因素

高等教育学理论体系逻辑起点需要进行合理抽象。合理的抽象是获得正确逻辑起点的保证。对逻辑起点的范畴如果抽象不足或抽象过度都不可能形成一个科学的理论体系。“抽象不足”是指没有把那些非本质的、个别的、偶然的以及现象的因素舍弃干净而使起点范畴过于丰富。“抽象过度”是指把本来体现研究对象本质规定性的因素舍弃掉了，使起点范畴过于抽象。所谓“合理的抽象”，是指逻辑起点不仅能准确反映研究对象本质的规定性，而且不能再对现象的本质进行分割。有些因素会对高等教育学科理论体系逻辑起点进行合理抽象造成影响，主要包括以下三个因素。

（一）学科发展的成熟度

一般说来，一门科学只有到了相对发达和成熟的阶段，才便于发现它的逻辑起点，也能为起点的范畴的合理性和必然性找到充足的理由和根据。一门科学理论的逻辑起点在开始时往往是不清楚的，只有经过人们认真的研究之后，它才能逐步明朗起来。高等教育管理学科是一门新兴的学科，在我国发展的时间较短，我国的研究深度和广度还有局限。因此，对其理论体系的逻辑起点进行合理抽象会遇到一定的困难。

（二）高等教育管理学科理论体系逻辑中的特殊性

从客观存在来说，高等教育学科理论体系逻辑的特殊性表现为：①人们研究和面对的对象无论如何广泛，都仍然是特定时空中的存在；②特定的历史境遇和客观存在并非是静止的，它们在时间中不断地流动和变化；③事物间有着普遍的联系，事物的性质总是随着联系的变化而变化的。

从认识主体的角度看，人们往往会在原有客观特殊性中加入主观特殊性：①人们的理性意识不是先验的形式，它们是作为生活在特定时空中的个体对周围世界的合理性把握。②认识不是一蹴而就的，在某种意义上说，世界上的任何一个对象都具有无限的复杂性，人们对它的每一次认识都只能是暂时的和有限的。

（三）高等教育管理学科理论体系逻辑行程中的相对性

相对性的内涵主要包括以下四个方面。①对立依存性，这是相对性的基础与根源的规定。没有对立，相对性就根本不能存在。在任何事物与关系中，对立与依存始终是连成一体的。②条件制约性，这是相对性的本质和内容的规定。辩证唯物主义认为，世界上的事物，大凡不受条件制约的就是绝对的，大凡受条件制约的就是相对的。③比较区别性，这是相对性在研究思路上的

规定。《辞海》云："有比较、有关系者，谓之相对；无比较、无关系者，谓之绝对。"④尺度选择性，这是相对性在认知倾向上的规定。

总之，在决定高等教育管理学科理论体系逻辑起点的问题上，管理者必须以客观的立场和正确的态度去看待一个理论体系的逻辑行程，要看到问题的主要矛盾，从总体上把握，而不能只注意其中的细枝末节。

第三节 高等教育管理的价值

在对"高等教育管理"和"价值"概念进行梳理的基础上，笔者试图给本章的核心概念"高等教育管理价值"作出一个界定，尽管这是十分困难的，但这是无可回避的，因为它是本研究立论的基础所在。

一门学科提出的每一种新的见解，都包含着这门学科的术语的革命。正是在这个意义上，对"高等教育管理价值"这一核心概念的界定，在某种程度上决定着本研究的论述走向，因为只有在明确界定了本研究核心概念的情况下，才能在研究的过程中确定论题的界面，构筑一个与他人对话的平台。

笔者认为，在具有哲学意蕴的高等教育管理界里，从"关系—意义"的范式视角，高等教育管理价值指的是高等教育管理（客体）对人类社会（主体）的积极意义或有用性，它是高等教育管理所追求的一种应然状态，反映了人们关于高等教育管理的希望、理想、信仰、依托和归宿。这里有必要说明的是，根据以上笔者对"高等教育管理"的认知，高等教育管理作为一种事实或者现象，它是以高等教育管理系统组织作为其载体的。所以，为了说明这一情况，在下面的行文中，笔者常常运用以高等教育管理系统组织为载体的高等教育管理来表述这一情况。可以说，高等教育管理的价值是高等教育管理的灵魂和核心，只有对它进行正确把握，才能有效地统摄高等教育管理学与高等教育管理哲学的理论研究。

一、高等教育管理的价值的内涵

高等教育管理的价值包括高等教育管理的一切有用性。它是在人与高等教育管理活动的关系中体现出来的积极意义或有用性，高等教育管理只有当符合或能够满足人们的需要，在人与高等教育管理之间形成价值关系时，高等教育管理才有价值可言。高等教育管理的价值广义上既包括高等教育管理的目的性价值，如高等教育管理对自由、平等、公平、正义、人性、人的全面自由发展的意义；又包括高等教育管理的工具性价值，如高等教育管理在效率、民主、法治、秩序等方面的功能与作用。但学者不能将高等教育管理的功能与作用列入高等教育管理的价值研究范围。过分庞大的高等教育管理的价值内容并不利于学者对高等教育管理的价值进行具体而深入的研究。因此，对高等教育管理的价值的内容范围还是进行适度限制为好。严格意义上的高等教育管理的价值应该是指在高等教育管理的功能与作用之上的，作为功能与作用之目的的至上目标与精神存在。只有高等教育管理基于自身的客观实际而对于人所具有的精神意义或人关于高等教育管理所设定的绝对超越指向，才是严格意义的高等教育管理的价值。

高等教育管理的价值以“高等教育管理与人的关系”作为基础。高等教育管理的价值存在的条件就是“人与高等教育管理的关系”。人是高等教育管理价值的主体，高等教育管理的价值是人的制造物。人与高等教育管理的关系抽象地说就是哲学上的主客体关系，具体地说，是高等教育管理的价值关系。高等教育管理的价值是在高等教育管理的价值关系中产生、存在，并体现出来的。没有价值关系，高等教育管理的价值就没有产生和存在的社会基础。高等教育管理的价值以高等教育管理与人之间的客体与主体的关系为客观基础与存在依据。“价值”这个普遍的概念是从人们对待满足他们需要的外界物的关系中产生的，高等教育管理的价值是客体与主体之间关系的产物，但不能认为高等教育管理的价值是客体与主体的关系。因为客体与主体的关系仅是高等教育管理的价值存在的基础，而不是高等教育管理的价值本身。

高等教育管理的价值客体是高等教育管理。作为价值客体的高等教育管理可以被称为高等教育管理现象。具体地说，高等教育管理的价值客体首先是指高等教育管理的体系、制度以及作为制度的规范；其次是指以社会状态存在的高等教育管理，包括高等教育管理的运行过程及现象；最后是指以观念形态存在的高等教育管理。由此可以看出，高等教育管理的价值客体的内容是非常丰富的。

高等教育管理的价值是以高等教育管理的属性为基础的。任何价值都是客体自身所具有的属性在一定条件下的外化。客体具有相应的属性，是一定价值存在于其上的内在根据。即便客体未作用于主体也存在潜在的价值。客体一旦作用于主体，潜在的价值即转化为现实的价值。没有作用于主体的客体不是没有价值，而是仅有潜在的价值。潜在的价值当然是非现实的价值，但是它确实存在着。高等教育管理的价值是高等教育管理所有属性的表现。如果高等教育管理根本就不具有可以实现效率、秩序、自由、民主、平等、人权、正义和促进人的全面发展等价值的属性基础，高等教育管理将不可能具有相应的价值。不能单纯地认为高等教育管理的价值是高等教育管理的一种内在属性。这是一种将高等教育管理的价值等同于高等教育管理的属性的观点。因为高等教育管理的价值取决于高等教育管理的属性，但并不等于高等教育管理的属性。

马克思主义认为“主体是人”，因此，高等教育管理的价值主体是人。高等教育管理的价值主体是具有社会性的个人、群体、人的相对独立与综合统一。人作为价值主体是很主动、很自觉的，他知道自己需要什么及需要是否获得满足，并可做出明确的价值评价。而且这一切都能够直接通过一定方式表达出来，并能在不同主体之间进行交流和传播。作为高等教育管理的价值主体的人包括人的个体、群体和人的类主体，但是最基本的还是作为个体的人、一般的人。凡主体不是人的高等教育管理的价值，都应当认为是异化了的高等教育管理的价值；凡是认为主体可以不是人的高等教育管理的价值理论，都是异化了的高等教育管理的价值理论，都应当受到摒弃。人是高等教育管理的主体的原因有以下两点。

第一，高等教育管理要满足人的需要。价值都是相对于主体而言的，是主体需要的满足。“人有许多需要”“他们的需要就是他们的本性”，没有主体的需要，就无所谓价值。

马克思和恩格斯首先明确地给“需要”下了定义：需要是人对物质生活资料和精神生活条件依赖关系的自觉反映，即需要是有机体对自身生存和发展的客观条件的依赖和要求。“已经得到满足的第一个需要本身，满足需要的活动和已经获得的为满足需要用的工具又引起新的需要”。马克思、恩格斯运用唯物史观发现人的需要是人类历史的起源，人类物质生产的历史又恰恰是新的需要产生的起源。需要与生产互为前提，互为条件，互相增进，共同发展。人的需要就是人类社会不断向前发展的原动力。需要与满足之间的矛盾，是资源与人类社会的最基本的矛盾。马克思认为：“人以其需要的无限性和广泛性区别于其他一切动物。从整个社会来看，人的欲望是推动社会前进的动力之一。从家庭和个人来看，有欲望和需要是社会细胞存在与发展的必然。人的需要是人类社会发展的动力源泉，是人性、人的本质与人生的现实课题。人的存在的最大需要是生存与发展。马克思、恩格斯认为，“一切人类生存的第一个前提，也就是一切历史的第一个前提，这个前提就是：人们为了能够‘创造历史’，必须能够生活。但是为了生活首先就需要吃喝住穿以及其他一些东西。因此第一个历史活动就是生产满足这些需要的资料，即生产物质生活本身”。可见，“需要”是马克思主义唯物史观的出发点。

“需要是欲望的函数”。欲望是一种客观存在属性，是与人的存在相联系的人性的根本体现。从人性的角度讲，动物本能基础上的生理与安全欲望，人性特质的交往与尊重欲望，人的本质根本体现的自我实现的欲望，它们都起源于人类发自内心的一种渴望，这是一种事实，人们不能判定它是善的还是恶的追求，即人们无法认定是否是对人类所弘扬的伦理道德精神的追求。但欲望转化为需要，与具体的需要客体指向相联系，当这种需要的客体属性达到价值主体满足程度状态时，“需要”的内涵就具有了伦理道德价值意义。利益主体的欲望可以不依赖于客体而独立存在，但主体的需要一定是与客体的属性并存的，并通过实践活动产生客体属性对主体需要满足程度的价值关系。主体需要类型与客体属性分类，是价值论领域中的两个不同方面的问题。作为个体人的需要的类型，人的欲望只能是物质的或精神的两种最基本的需要类型，当然有物质与精神不可分的第三种类型，而自我实现欲望是物质与精神不可分的需要的最高形态。人所需要的对象性资源客体分为四种基本类型：物质、精神、制度和人。这四种需要的对象性客体的类型，基本上能够表示人的生存环境内容，也是人赖以生存和对人的需要起决定性作用的客观条件。

人的需要是多元、多层次的。马克思发现在现实世界中的个人有“许多需要”，并将人的需要分为自然的需要、精神的需要、社会的需要三种类型。在此之后，恩格斯在 1881 年又对需要的类型做了重新划分。恩格斯从物质资料的角度将人的需要归为生活需要、享受需要、发展需要三种类型或三个层次。在这种分类的基础上，后来斯大林才将人的需要进一步归类为物质需要和文化需要（精神需要）两大类型。麦克利兰于 20 世纪 50 年代提出成就需要理论，他把人的高层次需要归纳为对权力、友谊和成就的需要，并对成就需要进行了深入的探讨。而马斯洛从心理学角度提出的“需要层次理论”将人的需要分为由低到高的生理、安全、交往、尊重、自我实现五个层次。麦格雷戈在《企业的人性面》一书中，将人的需要分为生理需要、安全需要、社会需要、自我需要和自我实现需要五个层次。他认为自我需要这一较高层次的需要才是对管理层“最具意义的需要”。麦格雷戈的解释并没有超出马斯洛的需要层次理论，只是在需要层次理论的基础上，进一步针对如何激励管理阶层的需要理论进行了分析与评价，因此，其价值远远低于马氏的需要层次理论。阿尔德弗将需要分为三类，即存在需要、关系需要和成长需要。

高等教育管理的价值也具有多元、多层次性，高等教育管理的价值的多元、多层次性是以人的需要的多元、多层次性作为主体根据的。人的需要包括人已经认识到的需要和人尚未认识到的需要。对于多元、多层次需要的满足是高等教育管理的价值的表现。高等教育管理对于人的需要的满足，也可以理解为人的需要因高等教育管理的价值而获得的满足。主体对于客体的能动状况是与客体的性质密切相关的。当客体为自然物（人类未施加影响的自然物）时，其价值是由其属性所决定的，而不是由主体所赋予的。当客体为人为物（包括人改造的自然物）时，其价值有的是在客体出现之后由人为赋予的；有的则是由人事先赋予和确定的。因为“寻求意义，并在任何具体形式中赋予价值意义，是人类内心最深沉的呼唤”。满足人的需要是高等教育管理价值的最基本内容，是高等教育管理对于人的首要意义。高等教育管理是人类的一种基本活动，在活动之初就确定了它应有的价值使命。

第二，高等教育管理的价值是人关于高等教育管理的绝对超越指向。“指向”，具有目标、导向双重含义，既包含目标，又包含达成目标的路向。“绝对”是指它的超越具有永远的、不断递进的，而又不可彻底达到的性质。具体来说，“绝对”，一是指在时空上，高等教育管理的价值与高等教育管理同在，即时空上的绝对；二是指在性质上，高等教育管理的价值对于人具有不可被替代的性质，即性质上的绝对。具体来说，“超越”一是指高等教育管理的价值作为人对于高等教育管理永远的追求，总是超越于人的客观能力，人们对于高等教育管理的追求总是无限接近高等教育管理的价值，并在这种无限接近中得到发展，但是人们所能做出的努力，与彻底实现高等教育管理的价值所对人们提出的能力要求总存在或多或少的距离；二是指高等教育管理和高等教育管理的价值的现实状况总是无限地接近于理想的状态，一旦二者完全统一，高等教育管理本身也就没有了存在的意义。高等教育管理的价值具有的这种“绝对超越指向”性质，为高等教育管理的价值的崇高与神圣奠定了基础。高等教育管理的价值是人在处理高等教育管理与人的关系时关于高等教育管理的绝对超越指向。作为对于人的需要的满足的高等教育管理的价值，是第一层次的价值表现，表现着高等教育管理与人的关系的应然状况，包含着人对高等教育管理的希望与理想。高等教育管理的价值是人关于高等教育管理的“绝对超越指向”，是指高等教育管理的价值对于主体与现实都始终具有不可替代的指导性质。作为绝对超越指向，高等教育管理的价值对于人类关于高等教育管理的行为和思想具有根本的指导意义，甚至是人的精神企求与信仰。高等教育管理的价值在满足人的需要的同时，作为一种绝对超越指向，包含着人类在高等教育管理上的要求与愿望。它也属于人的理想范畴，是人的相关思想与行为的目标，在指导人类的同时，又评价着人类的管理实践以及人类的相关思想与行为。

高等教育管理的价值应当是主体内心确立并确信的绝对超越指向。人们对高等教育管理的期望、追求、信仰，是高等教育管理发展的重要动因。客观世界作用于人而产生的对于高等教育管理的需求，仅是高等教育管理的价值的一个前提，满足这种需求是高等教育管理的价值的重要方面和主要内容，但它并不是高等教育管理的价值的全部。高等教育管理的价值还具有人们的期望、追求与信仰的意义。人们运用高等教育管理满足自己需要的过程中对于高等教育管理有着这样或者那样的精神寄托或精神诉求。这种精神寄托与诉求也是高等教育管理的价值，而且也许是更为重要的价值，它具有更大的精神意义。它是由主体内心确信并追求的。

高等教育管理的价值也因其具有绝对超越指向的性质，而使其具有永恒的指导意义，成为人类高等教育管理实践的永恒追求。所以，在最终意义上，人类无法完全实现自己的高等教育管理的价值追求，但也正是这种无法完全实现的追求，使人类在高等教育管理上的前进步伐永不停歇。高等教育管理的价值的超越指向意义使高等教育管理具有神圣的信仰，是人们关于高等教育管理的崇高期待、精神支柱和信念依托。

理解了高等教育管理的价值是人们关于高等教育管理的绝对超越指向，人们就能够理解历史上杰出的思想家、教育家、社会贤达人士为何为高等教育管理价值的实现而呐喊、奔走、献身。现代教育史上杰出的教育家武训、陶行知、陈嘉庚、梁漱溟、黄炎培、晏阳初等无不如此。其中一个重要的原因，就在于他们对教育价值和高等教育管理价值的认同与追求。也正因为理解了高等教育管理价值是人们关于高等教育管理的绝对超越指向，人们才具有为高等教育管理的价值实现而献身的精神。这种献身并不仅仅是为了高等教育管理本身，更是为了实现高等教育管理价值：自由、民主、效率、秩序、公正，乃至整个人类的全面自由发展。

在高等教育管理对于人的意义中，高等教育管理对于人的需要的满足与人关于高等教育管理的绝对超越指向，两个方面呈现出层级递进关系。人的需要是多种多样的，高等教育管理满足人的需要的方式也是多种多样的。这是高等教育管理作为价值客体必须具有的，同时，也是人们在活动初始就赋予和确定了的应然价值。高等教育管理的价值包含着人们关于高等教育管理的永恒的终极理想，凝结着人类的高等教育管理的精神与信仰，所以它才具有绝对超越指向的意义。

对于高等教育管理的价值的这种“绝对超越指向”的形而上学认识，管理学界和教育管理学界一直是忽略的，也可以说是理论上的空白点，迄今还未见任何其他学者的著作有过先论。在哲学领域，关于价值的“绝对超越指向”的性质，哲学家们已经有所注意。如以文德尔班、李凯尔特等为代表的新康德主义者就认为，价值是处在客体与主体的彼岸的东西，它不具备实在性而只有意义性，它是一种虚无缥缈的现象，但它却是人类文明所不可或缺的。美国哲学家D·比德内断言，价值世界超然于实在的自然界的境界之外，又超然于现实的文明世界的境界之外。虽然这种观点还有待于进一步商榷，但在肯定价值具有绝对超越指向性质的认识上，却是相近的，是具有科学性的。

高等教育管理价值的两个方面的内容即高等教育管理对于人的需要的满足与人关于高等教育管理的绝对超越指向，它们统一于高等教育管理作为客体对于其主体——人的意义，是相互区别而又彼此联系的两个价值侧面。

二、高等教育管理的最高价值准则

高等教育管理的最高价值准则是高等教育管理的终极价值企求，它是一切价值准则的目标。多数学者都认为高等教育管理的最高价值准则是公正或者正义。其实，高等教育管理的最高价值准则应当是人的全面发展。

马克思说过，“人的根本就是人本身”“人本身是人的最高本质”。因此，肯定人以自身本质为最高价值目标，就是肯定人是以自身为目的性的存在。从人作为人的归根结底的意义上来说，人的最高追求物不是别的，而是人自己，是人的自身本质，也就是要使人自己成为人。人对于人不只是一个最高和最根本的价值目标，而且是最高和最根本的价值尺度。因此，人的全面发展是高等教育管理的价值的本质的最高要求。高等教育管理的价值是高等教育管理对于人的意义。高等教育管理的价值的这种质的规定性本身就表明，高等教育管理的价值的有无与大小均是以它对于主体的意义状况来认识或判定的。如果高等教育管理不具有应有的对于人的意义，这本身就是高等教育管理的价值的欠缺。高等教育管理的价值要得到极致的发展，将其价值发挥到最大的限度，也就必须以其有利于人的发展作为基础。在高等教育管理的一切价值中，只有人的全面发展才是高等教育管理的一切价值准则之中最能反映高等教育管理的价值的归宿和终极意义的准则，它最难以企及而又引导着人去无限追求而获得发展。

人的全面发展是高等教育管理的一切价值准则的统帅。高等教育管理的价值准则中的每一个准则都有自己的倾向，而且都有区别。作为高等教育管理的最高价值准则必然是也只能是那种能够作为所有价值准则的终极价值的准则。通观所有价值准则，除了人的全面发展之外没有任何价值准则能具有这样的性质和功能。高等教育管理的价值准则中的秩序、自由、平等、人权、公正等都是以人的发展作为目标的。它们都可以说是达成人的全面发展的一个方面、一个系统，都是最终服务于人的全面发展的。

人的全面发展是人和社会发展的终极目标，高等教育管理是人的社会产物，它必然且必须服务于人的全面发展。人类一直在为谋求其全面发展而不懈努力。有的思想家构想了乌托邦、太阳城，有的构想出天下大同的太平盛世、世界国家、极乐世界等。他们都在探索人的全面发展的人类历程。马克思主义把人的全面发展作为共产主义的理想，甚至认为共产主义社会就是“以每个人的全面自由的发展为基本原则的社会形式”。

三、高等教育管理的价值属性

高等教育管理的价值属性是高等教育管理的价值所固有的性质。它决定着高等教育管理价值的表现形式、应有功能和社会作用。

关于价值的一种本体论认为价值是以某些实体（如主体或客体）的属性而存在和表现出来的，与价值实体说、关系说等相对立。价值属性说大体可分为三种。①价值是人和主体所固有的属性，特别是人的精神属性，如生命哲学、人格主义、存在主义等唯心主义、非理性主义的哲学主张。②价值是客观事物或自然界的属性，例如，传统的自然主义观点总是用对象的自然属性来给善、美等价值下定义。③价值既不是主体的属性，又不是客体的属性，而是主客体关系的属性。

认识高等教育管理的价值属性是认识高等教育管理价值的重要方面和重要途径。对高等教育管理的价值属性的误解必然会导致对高等教育管理价值的错误认识，它不仅会阻碍人们正确认识理论，而且可能会误导高等教育管理的实践，使高等教育管理价值的作用出现异常，使高等教育管理在实践中出现不应有的偏差和失误。高等教育管理的价值属性除了客观性与主观性的属性之外，还包括以下几个重要方面。

（一）属人性和社会性

高等教育管理的价值具有属人性和社会性的双重属性，这二者之间是紧密联系的。高等教育管理价值的属人性决定着高等教育管理价值的社会性；高等教育管理价值的社会性是以属人性作为基础的。

1. 高等教育管理价值具有属性

有的哲学家认为，“既然我们所知的一切都处在绵延不绝的相互作用、相互影响之中，从而一切都处在价值关系之中，那就一方面没有绝对无价值的所知；另一方面也没有仅仅对某主体有价值的所知。……任何所知都可以对任何所知有价值。……这也就是说，价值不仅仅是对某主体而言的，除了对某主体而言的价值，还有对该主体以外的客体而言的价值”“对客体而言的价值也是由主体确定的”；“一切对客体而言的价值在某种意义上都是对主体而言的价值”。晚年的福柯剖析了自己始终关注现代人成为主体的心路：“我的目的是要创立一种据以在我们的文化中把人变为主体的各种方式的历史”。

高等教育管理的价值是属人的，具有属人性。任何高等教育管理的价值都是相对于人而产生、存在的。离开了人就无所谓价值，也无所谓高等教育管理的价值。肯定高等教育管理的价值的属人性，实际上是对人的主体性的肯定。

高等教育管理价值的主体是人。尽管这里的人是多层次、多侧面的，也是有阶级、种族、民族、职业划分的，但都是人的属性的多维性体现。无论如何都必须注意到高等教育管理的价值属性中的属人性。高等教育管理的价值，实际上就是高等教育管理对于人的价值。高等教育管理的价值主体属性决定了高等教育管理价值的属人性。

2. 高等教育管理价值具有社会性

马克思在《哲学的贫困》中指出，“人们按照自己的物质生产率建立相应的社会关系，正是这些人又按照自己的社会关系创造了相应的原理、观念和范畴”。高等教育管理价值是社会发展到一定阶段的产物，是高等教育发展的调整器。它是人类社会活动的重要组成部分，产生于社会、发展于社会并受到社会各因素的制约，因而具有社会性。可以说，社会属性是高等教育管理价值的基本属性。

马克思对“社会”进行过探讨：“不管社会的形式如何，它究竟是什么呢？它是人们交互作用的产物。”马克思不仅说明了“社会”是指与个体的人和自然界相对应的狭义的人类共同体，而且说明了“社会”也指一切所能够感知到的与人的存在相联系的社会系统。西方马克思主义者哈贝马斯归纳和总结了马克思的社会观，指出社会系统就是人类的整个生活世界，并提出社会系统可以分为外部自然或非人的资源与人的联系、群体系统或特定社会与人的接触、内部自然或社会成员的有机基础与人的关系三部分。因此，马克思主义道德哲学的“社会”范畴，指的是包括个体的人、群体的人和自然界在内的三维利益主体的“社会存在”：“社会是人同自然界完成了的本质的统一，是自然界的真正的复活，是人的实现了的自然主义和自然界实现了的人道主义。”也就是说，物、人、“我”共同构成管理价值的利益主体。因此，价值关系内含了人与自然、人与人、人与自己的关系和合目的性的善——价值伦理的利益主体性。历史唯物主义的管理价值观，体现了一种可包含人与人（这里的“人”包括自己、他人和群体组织）、人与物（这里的“物”含人造物、自然物与自然界）、人与自己（这是终极的、也是常常被忽略的）之间的价值关系，即处理人与自然、人与人、人与自己之间相互关联、相辅相成的利益主体性价值关系。

（二）应然性和实然性

1. 高等教育管理价值的应然性

一般而论，高等教育管理的价值都是在应然意义上存在的。高等教育管理的价值可能是实然的，也可能是应然的。但在通常未加特别说明的地方，高等教育管理的价值应当是在应然意义上的，它是人们关于高等教育管理与人的关系的应然状态的构想与目标。高等教育管理的价值应然性是指高等教育管理的价值是以应然作为自己的立足点来确立自身并发挥作用的。应然的高等教育管理的价值，是人关于高等教育管理的价值目标，是人关于高等教育管理的价值理想。人类活动，无论是认识或是实践，都是追求价值、实现价值的过程。每一个价值准则或目标都可以说是特定价值理想的具体化。它可以为人们的行为提供精神上的追求，使人们在高等教育管理的现实中获得精神需求的满足。作为应然的高等教育管理的价值，还是人们运用高等教育管理的价值评价高等教育管理的现实的重要标准。也就是说，高等教育管理的价值的应然性体现在以下三个方面：一是使高等教育管理的价值对于人们的行为具有目标的意义，它能明确地指明人们在高等教育管理中的奋斗目标、努力方向，使人们为实现高等教育管理的崇高理想而不懈进取，使人们的行为有终极目标可追寻；二是使高等教育管理的价值对于人们的行为具有引导的意义，引导人们及其行为沿着高等教育管理所昭示的方向进行和发展，确保高等教育管理的价值目标能够得以实现，使人们的高等教育管理活动具有具体过程的保障；三是使高等教育管理的价值对于人们的行为具有评价的意义。高等教育管理的价值之所以能够评价相关的高等教育管理行为，是因为高等教育管理的价值具有评价的功能，能够对人们的管理行为进行价值评价。

2. 高等教育管理价值的实然性

高等教育管理的价值在具有应然性的同时，也具有实然性。这种实然性，一是指高等教育管理的价值具有转化为客观现实的必要性；二是指高等教育管理的价值具有可以转化为客观现实的可能性；三是指高等教育管理的价值已经转化为客观现实的客观性。

厉以宁教授在其所著的《社会主义政治经济学》一书中，就曾做过如下论述："经济行为的道德判断必须和实践检验统一起来，否则经济中的伦理原则也就会变得难以捉摸。……我们可以用'劳动者的最大利益'作为经济行为的伦理标准。也就是说，凡是符合'劳动者的最大利益'的，就是'是'

或‘善’，不符合‘劳动者的最大利益’的，就是‘非’或‘恶’。”高等教育管理的价值只有转化为客观现实，高等教育管理的价值在现实社会中才能得以真正实现。如何将应然的高等教育管理的价值转化为现实的高等教育管理的价值，始终是高等教育管理者极为重要的任务。成功的高等教育管理者就是能将高等教育管理的价值很好地转化为客观现实的管理者。高等教育管理的价值并不是虚无缥缈的，它具有转化为现实的可能性。尽管高等教育管理的价值准则或目标具有很强的精神意味，但是这并不妨碍其具有现实的可能性。无论是秩序、效率、自由、平等、人权，还是法治、民主、正义、人的全面自由发展，无一不是现实的。在高等教育管理实践中，高等教育管理的价值也无时无刻不在发挥其应有的作用：或者是被转化为高等教育管理实际，直接实现；或者是被用来评价高等教育管理实践，使其在另一个层面得以实现。人们随时面对的都是高等教育管理的价值得以或好或差地实现的客观实际。罗国杰教授指出：“伦理学的研究，不能离开概念和范畴，也不能离开逻辑的推理，但不能单纯地依靠概念来构建学科的体系。……伦理学理论要获得生命力，就必须切实地面对现实生活，从现实生活中汲取养分，认真地进行理论的概括、提炼、分析和升华，再将理论返回到现实生活中，去解决现实道德问题。”

高等教育管理的价值的实然性，不仅使高等教育管理的价值成为可认识、可测定、可评价的社会存在，更使高等教育管理的价值在人们的社会生活中成为活生生的现实。

3. 高等教育管理价值的应然性和实然性的对立统一

高等教育管理价值的应然性是其实然性的指导、方向和目标，高等教育管理的价值的实然性则是其应然性的表现、过程和得以实现的途径。人们所需要努力的是，实现高等教育管理的价值在实然、应然两个层面的统一，以达到理想的价值状态。

（三）特殊性和普遍性

高等教育管理的价值具有特殊性。高等教育管理的价值的特殊性主要表现在以下两个方面。一是高等教育管理的价值不同于高等教育管理的本质、功能、作用、过程、评估等高等教育管理现象，有其特定的内涵和外延，是一个相对独立的管理哲学范畴和管理学领域。这种意义的特殊性，是高等教育管理的价值得以成立，并不被其他管理学范畴或领域所取代的客观依据。二是高等教育管理的各种价值之间互有区别、相对独立，每一个价值准则或目标各具特色，都有自己与众不同的内容。这种特殊性是高等教育管理的各种价值、价值准则、价值目标得以成立的根据。没有这种特殊性，高等教育管理的价值就不会那么丰富多彩。

高等教育管理的价值具有特殊性，也具有普遍性。这种普遍性主要体现在以下三个方面。其一，高等教育管理的价值与高等教育管理相伴随，有高等教育管理存在的时空就有高等教育管理的价值存在。其二，高等教育管理的价值在不同的历史时代中具有一定的共同性。其历史的传承性与一致性是不容否定的。这是因为，不管人类社会或时代有何不同，高等教育管理毕竟是人类社会的产物，是人类社会的调节器，具有一定的共同的理想追求和价值准则，高等教育管理的价值在不同时代的共同性就成了理所当然。高等教育管理的价值在不同历史时代具有某些共同性，在同一历史时期，更具有某些共同性。其三，高等教育管理的价值在不同的国家之间具有一定的共同性。这是高等教育管理的价值普遍性的又一重要表现。

高等教育管理的价值的普遍性与特殊性并不矛盾，不能将二者对立起来，它们是辩证统一的。从一定意义上说，高等教育管理的价值的普遍性是其特殊性的必然结果，特殊性是其普遍性的重要依据。

（四）方向性与数量性

舍勒认为，价值满足程度具有一定的相对性，凡价值越高，带来的满足程度越高；凡价值越低，带来的满足程度越低；最高的价值是绝对价值。从哲学的价值意义出发，其价值表达公式必须体现价值的大小与价值关系项之间存在的特定关联性。在特定情况下，价值与劳动成果量成正比，与价值客体的投入消耗量成反比。但价值特定意义的生成，是围绕具体的价值主体目标需要，在具体的价值客体属性条件下，通过有目的的价值实践手段和活动过程来实现的。价值意义，与价值主体需要的大小成正比，与价值客体资源的稀缺性成反比，与价值实践努力的状态成正比。那么，这就可以建立一个哲学性质的价值意义公式，包括客体属性、主体需要和实践状态这几个关系项的质的价值表达式。这个哲学意义的表达公式：价值（程度意义）=（获得成果－投入消耗）×（目的系数 × 实践系数 ÷ 资源系数）。目的系数的哲学意义是指可进行比较的价值主体需要的目标值，即这一需求目标的最大可行性，即价值主体的目的的值；资源系数的哲学上的意义，是指价值客体资源的稀缺度或该资源的利用对其他环境资源的影响度，即价值客体及其属性的稀缺度与影响度的值；实践系数，是指价值实践的难易度或遵守法律制度的程度，即价值实践参数的值。

学者可以以价值的基本向度——效率来具体探究价值的方向性与数量性

的特点。“人的活动效率从其意义上说是一种价值关系。”效率是为满足一定目的的人的实践活动所产生的收益价值与投入耗费的比值。效率的价值创造活动过程的投入、结果等关系项之间的关系比值，是价值思维或价值关系的另一种表达方式，价值或效率的大小不仅与一定的目的需要有关，还与所消耗资源的程度有关。但效率的目的需要与价值的目的需要有所不同。

《价值学大词典》提出，“从根本上说，效率是人的活动的内在关系，人的活动过程、投入与人的活动的结果、产出、效果都是以效率内在关系项存在的”。这里从人类生活最基本的劳动关系出发，阐明了效率关系内在存有一定的关系项。对哲学范畴上的效率关系本质的认识，必须从劳动关系等具体的关系，上升为从哲学的主客体关系的抽象概括和总体特征来进行理解。在现代哲学中，效率关系属于价值关系形态。

效率现象分为效率活动与效率意识两个方面。效率活动是创造效率意义的人的活动。效率意识是实践主体、价值主体、评价主体对效率意义的认识，是主体思维对存在的效率活动的反映。效率价值意识作为一种精神形态，在精神效率关系中，具有效率客体的属性，成为效率主体的思想精神的源泉。当一种效率意识成为学习和效法的对象，这种效率意识就会构成知识论意义上的精神产品形态，成为认识主体的精神汲取的对象，直接构成效率客体，对效率主体的效率精神形成有积极意义。效率关系与价值关系之间的联系十分紧密，效率是一种成本关系和利益关系，利益关系其实是一种价值关系，效率高低实际上关系到人的利益。有一种观点认为，社会哲学视野中的效率范畴是一种关系范畴（其实质是实践关系），即人们（主体）在改造自然、社会、人自身（客体）过程中所具备的水平和能力，它标示着主体与客体所构成的系统整体的功能和效能。正如价值关系不同于实践关系，效率关系虽然包含实践关系项，但效率关系却不是实践关系。价值一定要通过实践活动得以实现，实践是价值关系中的一个关系项，价值关系并不因为实践关系项的存在而成为实践关系。而效率实践只能是效率关系的一个关系项。

效率关系的“比值”既是一种区别于价值的表达，也是价值思维反映效率价值关系的一种表达方式。价值或效率的大小，不仅与一定的目的需要有关，而且与所消耗资源的程度有关。

帕累托最优是指资源分配的一种理想状态，即假定固有的一群人和可分配的资源，从一种分配状态到另一种状态的变化中，在没有使任何人境况变坏的前提下，也不可能再使某些人的处境变好，换句话说，就是不可能再改善某些人的境况而不使任何其他人受损。一方面，帕累托最优是指没有进行帕累托改进余地的状态；另一方面，帕累托改进是达到帕累托最优的路径和方法。帕累托最优是公平与效率的“理想王国”。帕累托最优需要符合以下三个条件：①交换的最优条件；②生产的最优条件；③交换和生产的最优条件。

价值哲学认为，价值范畴可以有正负、大小量度之分，但就性质而言，是与公平的价值伦理意义具有一致性的。因为，价值包括了善（恶）、自由、正义、理想、效率、公平、和平、发展、秩序、道德、诚信、尊严、仁爱、功利、美满、幸福、快乐等意义在内，这是学界一致公认的。例如，效率与价值率的通约性，揭示了效率不仅可以内含有益、自由、公正等价值所有的善，而且可以具有一般价值范畴所不具有的节省、高能（高性价比）、快捷等独特的善的意义。因而，公平问题本身就属于价值问题，公平范畴同价值范畴性质一致，可以有正负、大小量度之分。由于公平与价值具有一致性，而效率等同于价值率，因而关于公平问题的效率观就转入了价值观本身的内部问题。

四、高等教育管理的价值基础

高等学校既是一个社会组织，又是一个学术组织，是一个由人群组成的“人”的组织，是“人性”的组织。人是管理的起点，也是管理的最终归宿。高等学校中这个“人”主要指的是具有强烈的自主性、能动性、自由性、创造性的学术人。因而，关于人的问题的研究是理论的起点，是管理的核心所在。高等教育管理活动本身蕴藏着丰富的人性价值，它是高等教育价值管理的内在依据。概而言之，高等教育管理是以人性的存在为基础的，是人的活动规范，是衡量和处理人与人之间关系的最一般、最根本的尺度。高等教育管理要求以合乎人性的方式进行高等教育管理活动并衡量和处理人与人之间的关系，所以，人性是高等教育管理的内在依据和尺度。

（一）目前国内学术界关于人性论的研究

1. 管理与人性论的研究

就目前所掌握的资料来看，国内学者对管理与人性关系问题进行较为深入的研究并取得一定参考价值的成果。

中山大学的黎红雷教授，以亚里士多德的“政治人”、亚当·斯密的“经济人”、卡西尔的“文化人”假设，作为划分不同管理时代的标志，揭示出古代社会的政治管理、现代社会的经济管理以及即将到来的知识社会的管理活动的人性基础。

复旦大学的杨俊一教授分析了“创新人”的管理学内涵及“创新人”的思想基础，阐述了“创新人”的行为特点及创新原理，论述了“创新人”的管理结构与机制，给出了“创新人”管理的三维图。

合肥工业大学的黄志斌教授，对生态时代管理哲学的研究具有一定的开拓性和前瞻性，其最具代表性的观点是将“绿色和谐人”作为生态时代“绿色和谐管理”理念的人性假设基础。

庞井君从社会价值论角度提出的“价值人”理论，把人看作价值存在，把人的一切活动都归结为从自我需要出发的价值活动，并合理地阐释了个人价值和社会价值的关系，认为人是每一个价值体系的主体和核心，人的本性就展现在整个价值体系的运行过程之中人的本性是，在主体自我需要的驱动下，并以需要为尺度和指向，借助于中介系统，利用或改造客体的属性和功能，不断满足主体自身需要。“价值人”的理论内涵可以概括为，人是一种价值存在；人的一切活动都可归结为从自我需要出发追求价值和创造价值的价值活动；价值最大化是人进行价值活动所遵循的基本原则；人从自我出发的价值活动内在地蕴含着个体价值和社会价值的统一；理想人格是个性和个人潜能自由全面发展的人的统一体。

宋兵波提出“文化人”人性假设。他认为，文化性是人的根本属性。多样性、独特性与差异性构成了人的文化属性的基本特征。“文化人”人性假设为人们透视课程、教学和师生关系等诸多问题，提供了独特的视角，同时也为人们认识主体性教育、素质教育的文化属性提供了新的理论视野。正如“理性人”“游戏人”等人性假设一样，“文化人”人性假设从独特的理论视角提出的人的文化本性的观念，对认识教育与人的发展之间的关系，透视当前教育改革中的热点问题具有一定的启示意义。

张军提出了“知识人”的人性假设。他认为，在知识经济时代和信息社会中，随着科技和社会生产力的迅猛发展，个人行为动机不再是纯粹单一的心理需要，“包括利他动机在内、对不同目标和奖赏有反应的扩充的自我概念，将取代仅仅受自利动机驱使的狭隘的自我概念”，这意味着个人心理动机将呈现出结构性与层次性的多元化特点；人们行为的价值标准也将由狭义的经济利益最大化向经济利益、社会利益以及生态利益的综合价值合理化转变；人们的行为目的不仅仅要考虑当前的实际需要，而且要充分考虑未来经济和社会的可持续发展要求；人们在高度关注“人力资本”在经济和社会发展中的重要作用时，也要积极运用创新知识及创新技能，大力加强对“自然物”与“人造物”的改良和改进，以便使其能更有效地发挥服务功能；人类在寻求自身“全面、自由发展”的同时，还应努力实现人与周边环境的和谐发展。这些都可视为“知识人”假设的主要内容。

2. 高等教育管理与人性论的研究

在我国，较之于管理学领域，高等教育管理学领域对人性问题的探讨要少得多。在笔者所查阅的高等教育管理学的著作中，尚未发现用专门章节来讨论高等教育管理中的人性基础问题的著作。在教育管理学著作中，也只有安文铸的《现代教育管理学引论》、杨虹的《现代教育管理原理》等少数著作辟有专门章节来讨论教育管理中的人性问题。根据笔者对所掌握材料的整理分析，高等教育管理领域对人性基础的研究主要分为以下几类。

①有关人性假设引入高等教育管理的必要性及意义研究。比较有代表性的研究有葛新斌的《试论人性假设问题的教育管理学意义》，该文中阐述了人性假设研究的教育管理理论与实际意义，人性假设是教育管理学的人性基础，人性假设研究有助于形成正确的学生观、教师观以及教育管理人员观，从而影响到教育管理实践的各个层面；李朝晖、陈芳的《人性假设与高等教育管理理论创新》选取了管理科学中比较有代表性的"经济人""社会人""复杂人"和"文化人"四种人性假设，研究它们对高等教育管理理论的影响，得出高等教育管理理论的发展是与人们对自身认识的不断加深为基础的结论，认为不同的人性假设主导了不同的管理理论的确立和形成。上述研究都没有进一步探讨高等教育管理应有的人性假设理论是什么。

②有关某种人性假设在高等教育管理中的借鉴意义的研究。比较有代表性的研究有罗家国、徐敏、戴洪萍在《人性假设理论与高等教育管理》，该文由两种极端人性假设理论 X 理论与 Y 理论出发，指出了借鉴与运用 X、Y 理论中的合理因素，对促进高等教育管理的科学化、现代化，提高高教管理效益的积极意义；余承海探讨了基于"复杂人"的假设的"综合模式"对我国高等教育管理的深刻启示和借鉴意义；林培锦从人性假设角度对大学管理决策的科学化作了初步分析，着重分析了沙因的"四分法"人性假设理论在大学管理决策中的借鉴意义，并对在人性假设理论前提下，实现大学管理决策科学化应做到哪些方面的要求做了探讨。但他们并没有揭示 X、Y 理论，"复杂人"假设，"决策人"等相关人性假设与高等教育管理的内在关系，对高等教育管理人性基础的探讨不够深入。

③以人性假设为理论基础论证高校实施知识管理、以人为本管理必要性的研究。徐高明的《高校知识管理的历史考察与特征分析》，从历史的角度分析各个时期不同人性假设基础上的管理活动，进而指出建立在"主体人"人性假设哲学基础之上的高校知识管理已成为知识经济时代高等教育管理改革不可逆转的时代潮流。高淑敏的《论以人为本的高等教育管理》一文中指

出人本管理的人性假设不是传统管理理论中的客体人，而是文化管理中的主体人的假设。在高等教育中，教师和学生都是教育的主体。教师是教育的支持主体，学生是教育的核心主体。以人为本的管理方式为师生提供了发挥主体作用的空间，从而论证了高等教育管理实施以人为本的必要性及具体内容。谭德凡以“复杂人”人性基础为理论依据，论证了建构以人为本的高等教育管理体系的必然性，并提出了建构以人为本的高等教育管理体系的具体举措。

④运用科学人性观讨论高校师生的管理与激励等具体问题。例如：许英的《人性假设视域中的大学生需求激励》、姚继军基于复杂人假设的《对现阶段高校人事分配制度改革的几点反思》、王国新的《面向知识经济时代的高校教师管理——以人性假设为基点谈高校教师管理的激励机制》、杨震的《基于事业人假设的高校教师人力资源管理与开发框架研究》、赵书山的基于自我实现人的《教师发展：从“交易型”管理走向“转化型”管理》、姜向阳的以自我实现人为理论基础的《高校教师激励机制设计研究》等。应该说，他们为探讨高等教育管理的人性基础提供了可贵的见解，但是对人性的分析缺乏全面性和系统性。

⑤对当前高等教育管理中应有的人性基础的探讨。朱明在《高校管理激励创新的基点——“学习人假设”》一文中指出，知识经济时代，高校的管理激励创新必须基于对现实中高校人性假设进行的科学分析和估价。他认为，我国现阶段的经济水平、制度基础、民族文化和高校人员的特性要求我国高校应以“学习人”人性假设为基础，并就“学习人假设”的内涵，与高等教育管理观念、制度创新、管理策略和方法的创新的关系进行了论述。谢霞飞、郭小聪提出高等教育管理应以“复杂人”或“决策人”为人性基础，以“教师权力为主，行政权力为辅”的新管理理念来指导高校的改革。笔者认为，以上观点都对探讨高等教育管理的人性基础做出了有益的尝试，特别是朱明在《高校管理激励创新的基点——“学习人假设”》一文中看到了人性是随社会发展而不断变化的这一发展规律，但是他忽视了高等教育管理自身的特殊性，缺乏对高校组织结构、功能、性质的系统分析，因而失之偏颇。

因此，从总体上来说，尽管国内有许多学者都认识到研究人性假设、人性观问题对于教育管理学具有非常重要的意义，但是目前有关高等教育管理的人性基础这一问题的研究还显得较为薄弱。本节试图在借鉴管理的人性假设研究的基础上，结合高等教育管理的特殊性，对高等教育管理的人性基础进行初步研究。

（二）高等教育管理中的人性的要求

1. 塑造人性

高等教育管理必须以服务于人性塑造为目的。教育从根本上说是一种培养人的活动，从人性的角度来看，教育就是一种以一代新人的人性养成为目的的活动，教育应当以人性的塑造为天职，人性应该成为衡量教育成败的根本标尺。由于任何一种具体的管理活动，都具有依附某一主体活动的性质，这就使高等教育管理不能在人性养成的教育目的以外，再形成自己独立的目的。“正确认识人性，按照人性的要求实施高等教育管理的最终意义在于培养人、教育人、改造人”，即实现人性养成这一教育目的。

第一，高等教育管理要发挥人的潜能。从人的个体生命来说，人首先是一种实然的存在，这种存在不同于动物之处在于：人具有一定结构的高于动物的潜能。创造性、自发性、个性、向往真理等，全都是胚胎形式的潜能，属于人类全体成员，这就为管理学强调管理对象的能动性、主动性、个性化和创造性找到一种可能性。但是这些潜能仅仅是人体内一种类似本能的微弱冲动、一种可能性或者萌芽，要使可能性转化为现实性，管理者就要在管理中不断引导、发展、完善和巩固这些潜能。

第二，高等教育管理要发现人的价值。任何人在世界上都是有一定价值的。从人的个体生命出发，人的终极价值是自我实现；从人的社会生命出发，人类的最高境界是由必然王国进入自由王国，人是自己与世界的主宰者。前者重视人的内在价值；后者在肯定人的内在价值的同时，强调人的外在价值。人的内、外价值并不矛盾，而是有机统一的，内在价值是外在价值的基础，外在价值是内在价值的表现。高等教育管理要发现个人的价值和人类的价值。

第三，高等教育管理要引导完备人性的建构与发展。从人的个体生命来看，人的本质的发展方向是自我实现；但从人的社会生命来看，社会需求是人的发展方向。只有当自我实现与社会需求相一致时，人性才能得到全面的发展，否则就会出现人的异化。管理的本质属性应当主要表现为：它要使人能够在已有的各种现实规定性中奋起，去追求新的自我、新的世界；使得一切知识、道德规范等的接纳，转化为人的创造性的潜力；使得人能以一种批判的向度去面对、掌握、审视现实生活。“人既是他正在是的那种人，同时又是他向往的那种人”，所以管理既要使人是其所是，又要使人是其所应是。

2. 探寻高等教育管理的人性基础

高等教育管理不同于普通管理。因为大学是传播文化的圣洁高雅之园，作为探究、传递和创造高深学问的大学教师不同于其他教师。他们既是教学者，又是研究者，更是激励学生研究学习的召集者与引路人，大学教师博学多闻，思想深远，见解深刻，但仍然坚信学无止境，需要同学生一起共同成长，他们认真地从事科学研究，追求智慧与真理；他们热爱教育，热爱学生，他们以自己的热忱开启学生的心智，唤醒学生对生活的热爱。他们是学生的良师益友。人们不能简单地将高校师生与社会中的人相提并论，他们是基于社会人基础上的以探求高深知识、寻求全面发展的学术人。因此，要培养既会做事又会做人的全面发展的人，不能使其成为“工具人”“经济人”“狼一样的人”“政治人”“社会人”等。

事实上，组织性质和特点不同，管理目的和管理本质不同，其人性基础也必然不同。高等教育管理的目的是求真，它的本质是引导完备人性的建构与发展。高等教育管理不同于一般管理，其人性基础也应不同。高等教育管理中出现功利化、产业化、政治化倾向，其根本原因在于管理者对高等教育管理的本质认识不清，对人性做出了错误的判断。功利化的教育管理把人当成“工具人”，人成为管理者或学校达到功利性目的的工具。产业化的教育管理把人当成“经济人”，将人性基础建立在经济管理的基础之上。政治化的教育管理更是忽视教育的主要功能，将人性基础建立在“政治人”的基础之上，把人视为为社会政治服务的工具。因此，学者们必须重新探讨和确立适合高等教育管理这种特殊情况的人性假设。

（三）学术人——高等教育管理的人性基础

高等教育管理的人性基础必须以符合高等教育管理的目的与本质为前提。“经济人”“政治人”“工具人”不符合高等教育管理求真的目标，也不符合教育育人的本质，更不符合高等教育管理引导完备人性建构与发展的本质。由此，笔者提出“学术人”的假设，在本书中，“学术人”是与“经济人”“政治人”“工具人”“宗教人”相并列的概念，笔者将其内涵界定为以传播、应用和创新知识为己任，以发展学术，追求真理为目的，有极大发展潜能与可塑性，追求自身的不断完善，以实现全面自由发展的一类群体。“学术人”体现了高等教育管理引导完备人性的建构与发展的这一本质。因此，笔者大胆假设，“学术人”是高等教育管理的合适的人性基础。

1. 高等教育管理应以“学术人”为逻辑起点

高等教育管理既从属于一般管理，又有自己的特殊性。笔者之所以提出高等教育管理应以“学术人”为逻辑起点，是因为“学术人”既体现了管理中人性发展的总体趋势，又符合高等教育管理自身的要求。

第一，“学术人”体现了高等教育管理追求高深学问和引导完善人性的建构与发展的本质。“学术人”以传播、应用和创新高深知识为主要任务，以追求真理、发展学术为目的，这与高等教育管理追求高深知识的目的是相吻合的。“学术人”又是有极大发展潜能与可塑性，追求自身的不断完善，以实现全面自由发展的一类群体，这也符合高等教育管理引导完备人性的建构与发展的本质。

第二，“学术人”反映了高等教育管理价值属性与“大学人”这一特定人群的性质特点。学术将高等教育管理与“大学人”的需要、动机、渴求紧密地联结为一体。追求高深学问既是“学术人”的本质特征，同时也是高等教育管理的核心内容。

高等教育管理是为高等教育服务的，以高深学问为核心的学术必然也是高等教育管理的核心内容。因而，学术也就成为高等教育管理与人性假设的结合点，“学术人”与高等教育通过以高深学问为核心的“学术”这根纽带连接在了一起。

2.“学术人”的基本特征

（1）真理性

“科学是求真的事业”，探求真理是学术人最基本的特征。真理性首先要求学术人研究真的问题，其次要求研究方式的有效性和真实性。

真正的学术工作是一种创造性工作，必然以独立的思考和判断为前提。为了保证知识的准确性，学者的活动必须只服从真理的标准，而不受任何外界压力，如教会、国家或经济利益的影响。雅斯贝尔斯指出：“一个运用科学方法进行研究的人，只有他把追求真理当作一种内在需要时，才算是真正参与学术研究”。凡勃伦也指出，“人类唯一不可丢弃的财富就是对有关事实的真实面貌的探求与把握”。问题是理论研究的逻辑起点，社会科学理论的研究就是针对社会实践中所遇到的真正存在的问题而进行的研究，不是为了一个虚假的问题而研究。

（2）公共性

学术研究之舟在学术的大海上航行须有指南针和灯塔作为导航，公共性价值中的“善”就是学者、研究者探索真理的灯塔和指南针。理论研究的出发点是社会问题，而其研究的归宿则是人类的发展和进步。公共性也就是人民性，人类的整体利益就是社会科学研究最大的“善”。“善源于自身”，源于人类对自身最大利益的追求之中。“摆在人类面前的挑战，便是如何令知识的增长能真正为人类的长远利益和福祉服务。如何令追求和发展知识的活动，可以同时发展出足够的自我反省能力。”“科学为人民”应该成为社会科学研究者的基本立场和价值取向。

美国著名社会学家阿佩尔提出了社会科学认知旨趣三种模型：技术（工具）旨趣、理解（实践）旨趣和批判旨趣，他倡导社会科学研究要从技术旨趣走向实践旨趣和批判旨趣，并指出批判旨趣是与社会变革的目标紧密联系在一起的。也就是说，社会科学的认知框架要超越社会科学自身，要进入批判性的公共商谈领域，为社会的公共利益服务。学者和研究者要在批判旨趣中保持科学的良知和诚信。“社会科学主要关注的是人类事务，人们推断它们应当掌握着有关社会生活的事实，并且具有如实报道的科学良知和诚信。”学术人的“公共性”的本质和使命就是应该从代表最广大人民大众的公共利益出发，从代表人类最先进文明的前进方向出发，来观照社会现实、反思社会问题，批判社会之“恶”、引导社会向“善”，成为社会的“智囊团”“思想库”。这应该是一位学术人的公共性，这也永远是判断其“公共性”与“非公共性”的基本尺度。

（3）超功利性

理论研究的超功利性是就“美”的价值追求而言的。马克思说过：“人也按照美的规律来塑造。”以“人与世界的关系”为对象的理论研究是一个“合规律性”的“真”与“合目的性”的“善”的辩证统一，这个辩证统一就是“超功利性”的“美”。只要人们的实践活动“都能用内在固有的尺度来衡量对象”，把理论研究与人类的共同利益统一起来，也就是按照“美的规律来塑造”了。

学者、研究者的“美”就是指“超功利性”之美，超越个人的功利，超越少数集团的私利，超越眼前的急功近利，追求理论研究的人类整体利益之美，追求学术研究的“纯学术之美”，是“为学术而学术”“为理论而理论”，追求“无用知识的有用性”之美。在一般情况下，学术不能背离为公共利益服务的原则。凡勃伦曾深刻指出：“人本能地探求学问，并给予高度评价。在某种意义上说，‘自由的’并不涉及所获得的知识在日后能否得以运用的问题，而是关于事物的知识怎样才能被获得。当然，这并不是说凭借好奇心获得的知识不会有实际应用的价值。”他认为，人们对知识探求的驱动力一直都是相同的，这一点起源于人类秉性中相同的倾向，所有这种驱动力都可归结为自由的好奇心，因为所有的探索都是在自由的好奇心的驱使下进行的，靠一种无偏见的脾性去获得知识或者把知识控制到可以理解的程度。世界知名的古典大学无不致力于无功利的学术，均追求真理。

当然，笔者并不是主张学者、研究者进行不切实际的苦思冥想，也不是反对理论研究对社会重大问题的现实有用性，而是反对学者、研究者的急功近利和为个人私利的研究追求。然而当前，商业性企业原则以各种各样的影响力从各个方面作用于当今学术界、理论界。学术带头人官僚化和官僚“学术化”的学术异化现象也变得异常严重：为晋升而著书撰文；为经费而做科研；为利益而当顾问；为争权而从事行政工作。学术活动变成了谋“钱”活动。学术界毕竟是一个学术中心，学术人应该致力于对自由的好奇心（科学精神）的狂热崇拜，而不应沉醉于对金钱和名利的角逐之中。学术人必须始终保持一个毫不动摇地致力于学识追求的形象。自由好奇的追求就是理论研究的美的追求，唯有如此，科学才会进步，理论才能创新，学术才会昌明。

（4）自律性

唐纳德•肯尼迪指出：“与社会责任互为补充和对应的是学术责任，但后者却鲜为人用。在我们这样的民主社会里，这两者被视为是一个硬币的两面。”自由和责任，权利和义务，它们是对应的关系，学者、研究者在需要学术自由与学术民主的权利的同时，也需要履行其相应的学术责任与义务，这也就是对“学术人”的自律性的要求。

当前，社会科学研究中的混乱既有是道德上的，又有科学上的；既有政治性的，又有学术性的。就学术道德而言，学术责任首先是要有学术诚信的责任。学术研究事业要建立在诚实的基础上，每一位新的研究者都要知道他的工作是建立在前人研究的坚实基础上的，应力戒学术不端行为和学术腐败行为的发生，如署名和学术声誉的分配（独创权和优先权）问题、非法盗用他人观点或表述现象、故意篡改数据或实验结果等种种现象。学术失范始终是一个“老鼠过街，人人喊打”，令人痛恨而又令人头疼的问题，它严重损害了学术研究的信誉。但就像贪污腐败一样，它也是一个积重难返的难题。其原因就是在现实中，研究的竞争性、学术声誉的重要性、职称晋升、职位升迁的困难性等外在性因素，都可能不时地逼迫学术人进行不正当学术行为。因此，这就要求学术人要具有学术自律的责任。

另外，学术责任还体现为对学术的忠诚。“从根本上说，公众对学术的信任依赖于学者对学术的令人信服的追求”。学者、研究者与其他职业人士相比有一种更微妙的冲突，那就是源于对自己的理论思想与对政治、组织立场忠诚的一种冲突。这种冲突只能靠研究者、学者自己解决，他们的责任就是对自己的行为提出挑战。这也就是学者、研究者往往并不忠诚于一个大学组织，而更倾向于忠诚于自己所属的一门学科的原因所在。

总而言之，学者、研究者等学术人应加强自己的学术责任，以自己的学术自律、学术忠诚来履行一个学术研究者的神圣使命和天职。

（5）创新性

学术人的主导需要是传播、应用和创新知识。因此，他们在知识经济社会中发挥主要作用，是经济和社会发展的核心力量，他们“敢想、敢干、敢于创新”“敢为天下先”，发挥着引领社会精神文明前进的作用。学术人充分体现了对人类改造现实世界的主导作用，同时也深刻反映了对改变人类自身，促进人类全面、自由发展的重要意义。

学术人的基本素质就是要具备一定的专业知识、学术研究与学术创新能力。因此，他们就必须是善于学习、善于研究、善于创新的持续学习者、思考者、探索者和研究者。学术人的使命主要是为社会服务，所以他们比任何一个阶层都更能真正通过社会而存在。因而，学术人特别担负着这样一个职责：优先地、充分地发展他们本身的社会才能、敏感性，以及传授技能、实践创新技能。他们应当不断地学习本专业的最先进文明成果，不断研究新东西，从而保持这种敏感性，并且防止学术闭塞的倾向发生。所以，学术人应自觉不断地加强自身的理论学习，以提升自身的理论研究与理论创新的能力。

学术研究需要探究精神和创新精神，即在创新精神的指引下，人们“敢冒风险，静听内心细微的声音，并随着它的引导走自己的路”并“有勇气正视失败”等精神。因为所有的现存的、权威的理论与学说都没达到真理的极限，都可以被怀疑与批判，并在此基础之上，能不断被修正谬误。大学的批判是一种专业性的批判，它不是一种泛泛之论，而是由一定的专业化知识所支撑的。大学批判是不带任何功利色彩和世俗目的的，它是根据人类的基本价值所进行的批判。这种批判区别于一切非理性的情绪化的指责，它是基于一定的学理根据、学术态度和独立的学者人格所进行的批判，它既是最宽容的，又是最严厉的，同时，它也不惧怕任何外在的压力。另外，一名学者、研究者应该具备理论的想象力。只有具备了学术研究的基本素养，学者、研究者才能有资格进行学术研究。所以说，学习、研究、合作、创新、实践、再研究、再创新、再实践是一个学者、研究者、学术人无限往复、提升的过程。

（6）自由性

“自由”有两个方面的含义：一是指时间、空间的自由，二是指思想与学术的自由。学术工作往往是一种探索求知的活动，它具有不规则性和非计划性的特点。因此，学术人需要能够自由支配其时间，较少受到外在时间限制。学术人在探索和思考的过程中，常常需要倾注全部精力，沉浸于所思考的问题之中，脱离日常的生活节奏。大量的科学创造事例都说明，闲暇是学术创造的一个重要条件。洪堡认为，宁静与自由可使人保持内心平静，注意力集中，通过对学问的反思将会产生一种有成效的抽象思维，进而引进创造性工作。雅斯贝尔斯也明确指出，“本真的科学研究工作是一种贵族（指精神贵族）事业，只有极少数人甘愿忍受寂寞地选择了它。”钱理群也认为，学术活动“内在地要求研究者生命的投入，要求一种耐得住寂寞、清贫的献身精神”。

思想、学术的自由是大学教师进行思考、研究、发表和传授其对真理的认识的自由。这种自由除了受理性方式产生的纯学术行规与权威的制约外，不受其他规制或权威的干涉与控制。剑桥大学的艾雪培爵士说：“在文明的国家里，学术自由已发展为一种受到特别保护的、思想自由的角落。它并不是学术界有些人士所宣称的乃是个人的特权。学术自由是一种工作条件。大学教师之所以享有学术自由乃基于一种信念，即这种自由是学者从事传授与探索他所见到的真理的工作所必需的。”

学术自由是学术研究的生命真谛。蔡元培说过，“研究学问旨在探求学理，必须形成民主的、自由的学术氛围，绝无一家独尊的余地”“大学教员所发表之思想，不但不受任何政党或宗教之拘束，亦不受任何著名学者之牵掣”。所以，学者、研究者要想进行理论研究就必须在一个有充分学术自由与学术民主的环境中进行。美国首席大法官沃伦指出：“对我们的学院和大学的理智领袖横加任何束缚都会葬送我们国家的未来。……在社会科学方面更是如此。”

学术自由意味着由美好学术民主来保障自由，学术民主也意味着开放包容的学术胸怀，社会不能有文化霸权主义、文化中心主义、文化相对主义和学术霸权主义。人们不应该有“民族（种族）中心论”与“阶层优势论”的观点，应对外来者（异域文化）、少数群体、弱势群体等都要给予关注与尊重。真正的开放是与求知欲为伴的，是为探求世间万事万物的一切真理的，而不应该有狭隘的研究藩篱或禁地。

有必要指出的是，学术自由与学术民主的必然结果是学者有义务为他们据以得出结论的思想过程提出充分的证明，以便由其他学者评价这些结论的准确度。解决理论分歧的“最好的办法是在资料来源问题上让学者质问学者，而不是让政府通过传讯来查问他们”。学术问题应该由学术圈的人士来自由平等地解决，要遵循“百花齐放、百家争鸣”的学术研究的指导方针。

（7）学团性

众所周知，现代学术研究已不再是一个人关在书屋中苦思冥想的事情，而是越来越成为一个学术研究团体的共同事业。正如美国著名社会学大师米尔斯所言，“科学的发展是逐步积累的，它不是一个人的创造，而是许多人互相修正和批评，扩充或简化彼此工作的产物”。要阐明和解决当今这个时代的任何一个主要的问题，都需要从不止一个学科中选取材料、概念和方法。因而，多学科、跨学科研究与学术共同体的建立与发展就显得越来越重要。多根和帕尔指出，“学术机构的长远构成倾向于更加专门化、专业化、系科化、碎片化，但不同学科之间的互补、交叉、交流在不断增多，这就出现了社会问题研究的多学科、跨学科、学科互涉的倾向”。因为研究和学术成果在“前沿领域”与“尖端领域”的突破，往往要涉及不同的学科；现代学术问题、社会问题、技术问题、经济问题、教育问题的复杂性，也要求综合的方法与跨领域的技术合作。

学术共同体应该作为理论工作者的一个避风港，保护理论工作者对知识的自由追求，在那里，学者、研究者可以免受外界的紧迫压力。这种学术共同体能够抵制各种强烈的欲望和诱惑，它能摆脱一切趋炎附势的习气而坚持自己的学术标准。

学派的建立标志着一种理论学说的成熟和得到学术界中的共同认可。学派既具有发展理论学说的功能，又具有培养新的学术继承人的作用。美国著名社会学家米尔斯指出：“要一直记住：派系的一个重要功能就是塑造出学院的下一代人。”一个学派中有领导者、追随者、创新者、墨守成规者等。不同学派的研究风格是不同的，其差别来源于每一学派的研究风格所容许或倡导的社会组织不同。学派是因为学术事业而自然凝聚成的学术共同体，它不是江湖门派，更不是政治帮派、宗教系派。然而当前有些学派正在堕落为垄断学术资源、保持话语霸权的学术帮派，引人警醒。

因此，学术共同体以及成熟的研究范式的形成是学术理论研究深化与成熟的标志，也是其更好地进行学术研究的条件。

五、高等教育管理价值的存在形式

高等教育管理价值的存在形式是非常多样的。对于多种形式的探究，是对高等教育管理的价值认识深化的重要视角。在此，笔者仅就高等教育管理主要的存在方式进行一个简要的分析。

（一）明示和暗含的存在形式

高等教育管理的价值可能是明示的。所谓明示的存在，即以高等教育管理的法规、政策、制度等形式明确记述的方式存在。高等教育管理的价值的许多内容都可能是以明示的形式存在的，如教育部颁布《普通高等学校学生管理规定》以及关于大学生就业政策的规定、贫困大学生的资助政策、招收西部少数民族大学生的政策规定等。

高等教育管理的价值也可以以暗含的方式存在于高等教育管理的法规、政策、制度等之中。例如，对大学生的有关管理规定就应体现人人平等，以人为本的价值原则精神；又如，各种管理规定的时效制度，就是对于秩序、效率、公平等的价值意义。

（二）观念、理论和制度的存在形式

有些哲学家认为，价值意识可以作为精神形态独立存在。例如，德国当代价值学家、现象学价值伦理学的创立者舍勒认为，价值就如同颜色，是可以独立于其载体之外而存在的。舍勒所称的价值已上升至精神形态，是一种独立的价值意识。马克思的价值概念同样也具有独立的意识形态上的意义。

高等教育管理的价值可能是以观念的形式存在。人们观念中的高等教育管理的价值具有其他存在形式所不具有的形成的长期性、认识的稳定性、主体的普遍性和历史的传承性。高等教育管理的价值观念往往是在人的社会化的过程中逐渐生成的，并在人的再社会化过程中得到强化，深藏于人们的内心深处，呈现出根深蒂固的特点。一个人可能不具有高深的高等教育管理的价值理论，但是他可能具有丰富的高等教育管理的价值观念。高等教育管理的价值观念还具有世代相传的性质。人类的世代更替包含着高等教育管理的价值观念的前后相继。

价值关系意义上的精神产品，是指由人们创作并记载流传的、能满足价值主体需要的思维成果。精神产品是人的主观精神活动经由物的媒介凝聚，虽然离不开承载物（如石木、纸张、胶片、磁盘、网络等），但其价值客体的利益形态不在于实体物，而在于物之上所承载的意识形态（如思想政治理论、道德价值观念等）、技术知识、信息符号、文艺作品和其他精神产品等的有用性。至于哪些精神成果可以作为价值客体或可以进行有效利用，政府的政策法规和社会伦理规范都有具体规定。我国近期推出社会主义核心价值体系，就是为使全体人民群众能获得健康有益的精神产品，并综合运用了技术、行政、法律和经济等手段来保证净化和发展精神产品。

高等教育管理的价值也可以理论的形式存在。这种形式的高等教育管理的价值由特定的学问家包括思想家、法学家所创设，并以理论形式予以记载。高等教育管理价值的理论形式是观念形式的升华，也是制度形式的基础。

高等教育管理的价值还可以制度的形式存在。制度的价值是在人（主体）与制度（客体）的关系中体现出来的制度的积极意义或有用性。以制度形式存在的高等教育管理的价值，既可能以原则形式存在，也可能以规范形式存在，但无论怎样，它们都有自己的价值依据和价值追求。

第三节　高等教育管理价值体系的分类

美国著名社会学家帕森斯认为，建立一种概念体系比提出一种抽象的命题体系更为重要。他强调构造理论的方法如下：首先，从复杂的经验现实中抽象出某些要素；其次，揭示要素之间的相互关系，并把这种联系在概念中体现出来；最后，“整体论”，即把种类繁多的现象连接在一起。帕森斯的这种方法论对构建高等教育管理价值体系具有重要的指导意义。

管理价值作为一切管理价值实践的原则、规范，也应具有其公理性。高等教育管理的研究者应沿着马克思主义创始人开辟的“现实历史”道路，“依赖于范畴来划分和界定它的对象领域”，这无疑是解析管理价值范畴的有效路径。

管理价值论范畴的研究必然要从价值范畴导入展开公理性逻辑推演。《中国大百科全书哲学》这样定义“范畴”：“范畴，反映事物本质属性和普遍联系的基本概念，人类思维的逻辑形式。”范畴是人类在一定历史时代理论思维方法水平的指示器，是帮助人们认识和掌握自然现象之网的网上纽结。各门具体学科都有各自的范畴体系。高等教育管理学视域的管理价值论研究，也必须从管理哲学、历史哲学、政治哲学、经济哲学、价值哲学等多学科交互视角，多维度地考察管理价值论范畴内涵的伦理特质。

以高等教育管理组织系统为载体的高等教育管理的出现是人类社会的理性需要和“善”的体现。“由于人的需要（欲望）所指向的无非是目的和手段，同时只有当一个事物作为目的或手段时它才能成为满足人的需要（欲望）的事物，因而目的和手段对于人都是有价值的，而且对于人而言的所有价值都无非是目的（性）价值和手段（性）价值这两类。”明确地从目的和手段的角度把价值划分为目的价值和手段价值并强调两者不同的是古希腊哲学家亚里士多德。亚里士多德在《大伦理学》中明确提出，有些“善”是目的，有些“善”是手段。他所言的“善”即是“价值”之意。在亚里士多德之后，把价值划分为目的价值和手段价值成为一种主流，后来也有学者对价值的领域作了其他划分。例如，美国社会学家洛奇赤曾提出终极价值与工具价值的区分，并对此进行了阐释。舍勒曾指出，“价值的等级结构是价值存在的基本样式，它构成了价值领域内的一种先验的本质秩序”；“所有的价值本质上都处于一种等级序列之中”。这说明价值是有序列等级结构存在的，同样，高等教育管理价值也存在着一个价值体系。

关于高等教育管理的价值，学者从人类“善”的基点出发归纳、演绎，抽象、概括出很多价值向度：效率、秩序、治安、安全、纪律、民主、自由、公正、平等、人权、人道、知识、评价、生命、幸福、发展等。它们有的是相互包含关系，有的不在同一个层次上，而有的是别的领域或组织系统管理的价值追求，等等；更为重要的是，它们虽都是价值，但作为价值的性质是不一样的。

正如赵汀阳所说："每种价值都成为价值就是每种价值的贬值，所谓价值问题就成了文化冲突的问题。"

借鉴以上对价值的分析，基于对价值含义的理解，笔者认为，高等教育管理的基本价值也可以分为两类：目的性（终极性）价值（公正、自由、发展）和工具性（手段）价值（效率、秩序、民主），无论是目的性价值还是工具性价值，它们都是以人为核心而构成的一体化价值向度体系。

其中，目的性价值居于主导地位，它反映了高等教育管理所追求的希望和理想，是人们关于高等教育管理的绝对超越指向；工具性价值是高等教育管理为实现其目的性价值应具备的基本属性。高等教育管理的价值体系应该是这样一个由不同层次的价值所构成的有机系统，在这个系统里面，高等教育管理的目的性价值和工具性价值达到和谐与统一，从而统摄和主导着高等教育管理理论的研究，提高高等教育管理学的理论品位，进一步显示出高等教育管理学自身存在的合理性，有效摆脱了高等教育管理学是一门其他多种学科的"拼盘"的嫌疑，正面回应对高等教育管理这门学科的独立性地位的质疑。值得强调的是，这六个价值向度并不是一一对应的关系。如果人们误认为公正与效率相对应，自由与秩序相对应，发展与民主相对应，也就会误以为效率是公正的工具等。这六个价值向度都是高等教育管理中的一个相对独立的价值向度，彼此任何两个价值向度之间都存在着相互对立统一的关系。

第六章　高等教育管理改革与发展

第一节　我国高等教育管理的历史沿革

新中国成立初期，中国民主促进会创建者，中国民主同盟创始人之一，著名爱国人士，语言文字学家、书法家、教育家马叙伦出任新中国成立后的第一任教育部部长、中国高等教育部部长。教育部组建后的第一件事主要是针对新中国成立前的高等学校提出了具体的接管、接收、接办与初步改造的意见，并报国务院审查通过后实施，而且在此期间起草了教育法律法规的文本，搭建了我国高等教育管理的基本框架。应该说，我国的高等教育管理是按照依法治教的这条路走过来的，虽然经过了许多曲折，随着社会的进步，依法治教、依法治校正进入到一个逐步发展完善的阶段。

新中国成立后，我国高等教育的体制是建立在计划经济体制下的。我国一开始借鉴了苏联的高等教育管理模式模式，在当时的情况下也只能借鉴苏联的模式。这是由于当时的国际背景、政权的交替所造成的，旧的模式必须打破，不可能完全延续，我国只能有选择性地沿用，而可以借鉴的也只有苏联的高等教育管理模式。

我国高等教育的管理体制是与国家的政治、经济体制相适应的。

1950 年，我国开始对公立学校进行接管，对接受国外资助的学校进行接收，对私立学校进行接办，对旧的高等教育管理体系进行改造。

1952—1953 年，为了适应当时工业发展的需要，我国对高等学校院系进行了调整，开始侧重发展高等工程技术教育，新设 12 种工业专门学校，工科专业占高等学校专业总数的一半，重新调整、建立的综合性大学也只以理工科为重点。这一时期的高等教育主要为本科和专科两级。1953 年以后，我国才开始招收研究生，且均为全日制，结构也比较单一。出于教育部与政府各有关业务部门协调的需要，为了发挥工业部门办学的积极性，高等学校分成了高等教育部直属、中央各业务部门直属、各大区直属、省市自治区直接管理四类，“条块分割”的管理体制开始形成，这对于发挥中央、中央部委、大区直属、省市的办学积极性，推动新中国工业的起步和发展起到了根本性的作用。在高等学校管理体制上，高等教育系统主要复制整个国家行政管理体制，而对高等教育自身管理的特点与要求重视不够，在后来的发展中它的弊端也逐步开始显露出来。

自新中国成立后至1958年以前，高等教育行政实行中央、各大行政区和省（市、自治区）三级管理体制，经费则由中央统一控制。为进一步加强中央政府对高等教育的领导，我国于1953年成立了高等教育部，以实现中央与政府各有关业务部门在高等教育管理中的密切配合和协调。1958年，在中央集权和地方分权相结合的原则下，强调了地方对高等教育的领导，以充分调动地方办高等教育的积极性。中央提出了“统一性与多样性相结合，普及与提高相结合，全面规划与地方分权相结合”的方针，重新划分了各类高等学校的行政隶属关系，规定除少数高等学校由教育部和中央有关部门直接领导外，其他都下放归各省、市、自治区直接管理，同时还下放了招生、分配、任免高等学校领导人等项权力。高等学校不再实行统一的教学计划、教学大纲和统编教材，地方高等学校的教师也都归地方管理，大办高等学校的热潮也随之而起。随后的几年，发生了高等教育计划失控、质量滑坡现象，1963年，中央又明确了统一领导、分级管理的原则。但到了1969年，又规定原高等教育部所属高等学校全部交由所在省、市、自治区领导。自1976年至今，我国则实行“中央统一领导，中央和省、市、自治区两级管理”的领导体制。

由于经济水平和政治体制的制约，总体上我国高等教育结构多元化发展的步伐是缓慢的。随着高等学校办学自主权的变革、劳动力市场的多元需求、终身教育的大趋势，针对长期存在的地区间经济、教育发展水平的不平衡状况，改变政府办学单一体制，建立一个多元开放的高等教育组织结构及管理体系是发展的趋势。这其中包含密切相关的两个方面：一是高等教育组织模式要适应社会、市场的多元需求，形成教育组织体系对社会大环境的全面开放态势，最大限度地开发、利用各种教育资源；二是高等教育管理过程应是多层次、多规格的，即改革单一的学历教育、精英教育模式和僵化的学籍管理制度，形成学历教育与职业教育并行、精英教育与大众教育共存、各类教育相互融通的网络式高等教育结构。当大学从封闭的“象牙塔”走向开放，高等教育已经成为一项公共事业，它必须为国家的发展目标服务。同时，政府以不同方式干预高等教育，就连最具自治传统的大学也不得不接受政府的调控。

总而言之，自新中国成立以来，我国高等教育基本上复制国家行政的政治、经济管理体制，实行集中统一的管理，这一时期也经历了一些变化，但根本性的改变不大。

无论中央、地方权限如何划分，自新中国成立后至改革开放以前，我国高等教育的统一计划体制基本保持稳定。所有高等学校由政府举办，教育经费基本来自政府拨款；高等学校的设立、结构、布局全部纳入国家事业发展计划，高等学校的审批权在国务院；高等学校主要领导人由政府任命，学校管理人员和教师具有和国家公务员基本相同的地位；学校的系科、专业设置，课程、教学大纲的制定，招生计划、毕业生就业等长期执行政府指令性计划；学校的基本建设和经费使用须按国家和地方政府下达的计划和规定执行。

在这种体制下，高等学校实则为政府的附属机构，权力集中于政府，学校缺乏应有的自主权。政府与高等学校之间的矛盾在向市场经济过渡的过程中显得尤为尖锐。尽管我国高等教育在管理方面做了些改革，截至 20 世纪 80 年代中期，我国高等教育的管理体制并没有多大的变化。

我国高等教育发展中的显著特点是它呈周期性波动。一些学者认为，经济环境的波动是高等教育周期波动的主导因素。那么，政府在这种周期波动中起何种作用呢？笔者认为可以从以下两个方面来分析。

①政府是作为高等教育发展的规划制定者和执行者的双重身份出现的，这使政府在经济对教育影响过程中起到一定的缓冲作用。在高度集中的计划体制下，政府的政策保护是我国高等教育发展能快于经济平均增长速度的主要原因。例如，1953—1990 年，我国社会总产值和国民收入的平均年增长率分别为 8.7% 和 6.7%，而同期我国高等教育的招生数和在校生数的平均年增长率分别为 17.62% 和 23.51%。

②高等教育政策在缓解环境因素（政治、经济、文化等）的影响力的同时，也必然受制于这些社会因素。例如，政策本来就是政府在其政治活动中的行动准则，因此，一定程度上可以说政治体制的特点直接决定高等教育政策的特点，直接影响高等教育体制。政府与高等教育的关系当然不限于政策方面，还受到立法、财政等多个环节的影响。

改革开放以来，我国之所以要对高等教育体制进行改革，是因为这种体制是一种低效率的体制。这种制度在很大程度上加强了政府部门对高等学校管理的控制，从而使整个高等教育系统便于协调一致，但是，在以效率优先为原则的市场经济条件下，高等教育系统显然缺乏应有的制度创新活力。而目前体制改革中的很大弊端就在于改革的系统性差，于是导致管理中权力与信息量的不对称、权利与义务的不对称等。因此，我国必须从根本上调整政府部门与高等学校之间的关系，高等教育的发展必须由政府集中控制的纵向约束转为以政府调控、市场引导、自我表现约束的纵横结合的管理体制。

尽管高等学校的高级行政人员的责任是完全地贯彻、执行政府或上级行政部门的方针、政策，高等学校内部的各级行政人员的任用标准、聘用程序上保持着长期的一贯性，但这些并不意味着各级行政人员的地位是相同的，也不意味着他们之间的关系是长期一致的。我国高等学校高级行政人员的特点除了反映一般科层制的一些特征外，也蕴含了具有“中国特色”的高等教育管理的特点。探究高等学校高级行政人员的作用及相互关系的沿革，有助于学者在政府集中管理体制的宏观背景下进一步分析学校内部的权力分配、行政与学术的关系等。结合高等教育发展的一般规律，也许能理解这些因素对我国高等教育发展的制约作用。

1950 年 4 月，教育部规定，高等学校一律实行校长负责制，校长代表学校，领导学校的一切教学、科研及行政事宜；党组织在政治上起核心作用，原则上学校中的党组织和学校行政相互间没有领导与指导关系。

1958 年，高等学校内部普遍实行学校党委领导下的校务委员会负责制，校务委员会为党委领导下的权力机构，实行集体领导，由校长主持。但实际上党委包办了学校的行政工作，校务委员会徒有其名，校长的作用自然也难以发挥。

20 世纪 60 年代初，校长的权力较之前有所突出，高等学校实行党委领导下的校长为首的校务委员会负责制，大学校长为国家任命的学校行政负责人，对外代表学校，对内主持校务委员会和学校的经常性工作，重大问题由校长提出，交由校务委员会讨论决定并由校长执行。

20 世纪 80 年代，我国的高等学校领导体制确立为“党委领导下的校长分工负责制”，并取消了原来的校务委员会，设立学术委员会，由校长或副校长领导和主持加强学校学术管理。但实践中党政不分，以党代政的格局未发生根本改变。1989 年，中共中央提出在今后一个相当长的时期内，高等学校仍应实行党委领导下的校长负责制。

在高等教育的投资体制方面，政府一直是以一个投资人的身份出现，形成上下隶属关系。随着高等教育体制改革的推进，投资体制发生了一些变化，这种变化出现了一些投资现象的多元化，民办大学的出现、学生缴纳部分学费等使得高等教育的投资主体在发生变化。但是，这种投资主体的变化并没有引起高等教育界太多的重视，人们的思想观念并没有得到转变。

高等学校的内部管理制度基本上是行政管理模式，对应政府的有关行政部门设立机构，按照行政的级别设立校、处、科机构，按照行政管理的方式管理高等学校的教育教学与科研活动。

第二节　我国高等教育立法

现代教育立法制度产生于西方近代社会，在19世纪初得到发展。教育立法以学校为中心，其主要目的在于使国家权力对私立学校的教育自由方面实行某些保障，具有代表性的例子是英国于1862年制定的《教育规程》、美国于1789年制定的各州教育法、法国1848年的宪法中有关教育法律部分的条文。19世纪末20世纪初是西方资本主义国家广泛开展教育立法的时期。为了加强对教育的管理和控制，教育立法备受重视，大量与教育有关的法律和法规被制定出来。第二次世界大战结束以后，教育立法进入了普遍推行和迅速发展的阶段，为了使教育更积极主动地适应整个社会的发展需要，教育立法开始涉及教育的各个领域，许多国家不仅从宪法的角度对教育的功能、制度、性质、形式及国家对教育的责任及公民受教育的权利等方面做出了明确的规定，而且，还力图通过制定教育单行法来对宪法的有关教育条款进行补充。例如，日、美、俄等国都制定了教育基本法及与此相配套的学校教育法、社会教育法、教师教育法等，从而形成了一个互相衔接、严密完整的教育法体系。

我国近代教育立法始于清末民初，1902年，清朝管学大臣张百熙主持拟定了《钦定学堂章程》。它是针对当时产生的新兴学校所做的一个较为全面的规定，而这一规定也被视为是近代中国的第一个教育法规。此后，张百熙和张之洞等人奏拟了《奏定学堂章程》，此章程除了规定学校系统之外，还规定了学校管理体制、学校设置办法等，这一教育法规对推行“新教育”、统一学制发挥了重要作用。

我国现代教育立法始于1912年，孙中山建立的南京临时政府制定了一系列教育法规，时任教育总长的蔡元培主持立法，主要法规有《普通教育暂行办法》《普通教育暂行课程标准》《学校系统令》等。上述法规对学校名称、教育内容、课程设置、教学要求、课程标准、教育宗旨等都做了明确的规定，从而为建立我国现代民主教育制度奠定了基础。

新中国成立后，高等教育的立法经历了下述三个阶段。

一、新中国成立初期的高等教育立法

我国以《中国人民政治协商会议共同纲领》及1954年制定的新中国第一部宪法为依据，参照苏联有关高等教育管理的经验，颁布了一系列包括各类学校暂行规定在内的教育法规，对旧的教育体制逐步进行改造，为新的教育体制的建立做了许多基础性的工作。这类法规对新中国成立初期教育体制的

建立起到了推动和促进作用。我国在这一时期没有出台独立的教育根本大法，也没有独立的、系统的高等教育的专业法律。

二、高等教育大调整时期

根据当时国民经济发展需要，为了贯彻1961年国家对教育实行调整、巩固、充实和提高的方针，同时也为了纠正学习苏联经验中出现的不切实际、忽视法制的做法，教育部根据中共中央的指示起草了《教育部直属高等学校暂行工作条例》《全日制中学暂行工作条例》《全日制小学暂行工作条例》，这三个重要法规后来被简称为《高教60条》《中教50条》《小教40条》。这些法规总结了新中国成立以来正、反两个方面的经验，为各级学校制定了明确的工作方针，从而推动了当时教育工作的发展。

三、高等教育立法高速发展阶段

1980年初，随着《中华人民共和国宪法》（1982年）的颁布，高等教育的立法也迎来了灿烂的春天。自1980年全国人大常委会制定的、新中国成立以后的第一部教育法律《中华人民共和国学位条例》以来，在短短的十余年间，我国在教育领域相继制定了《中华人民共和国义务教育法》（1986年）、《中华人民共和国教师法》（1993年）、《中华人民共和国教育法》（1995年）、《中华人民共和国职业教育法》（1996年）、《中华人民共和国高等教育法》（1998年）及《中华人民共和国民办教育促进法》（2001年）等多部教育法律和法规。与此同时，还制定和颁布了相当数量的地方性教育法规。这些教育法律法规的颁布和实施极大地丰富和完善了我国高等教育立法体系，并进一步推动了我国高等教育事业朝着一个“以法治教”“以法促教”的良性方向发展。

第三节　高等学校的领导者

从两级政府管理来讲，我国高等教育宏观管理模式是党组负责，集体领导。从高等教育微观管理来讲，学校的管理是党委领导下的校长负责制。但实际情况是由于现行管理中的领导地位和领导人具有很强的行政权威，缺乏管理中的制约机制，管理中存在某些缺位。这是因为，领导的确定不是选聘制度，而是指派任用制，任用制的弊端就是容易缺乏民主基础，一般由组织管理部门考察，也就是上级考察，管理部门的领导讨论确定，特别是管理部门的一把手有话语的决定权。所以，领导的确定与上级的领导或组织管理部门有关系，一旦权力者产生欲望，一旦权力变味，就容易滋生权力腐败。另外，领导没有明确的任期目标制，或者有但并没有认真地执行任期目标制，所以，任用的领导对不对管理活动的结果负责并不重要，但是，必须要对上级领导和部门负责。不论是两级行政管理中的领导，还是高等学校的领导，在高等教育管理活动中都具有举足轻重的地位。由此，从目前我国的状况来看，管理好高等教育可能取决于领导个人的素质和事业心，而不是一种领导工作机制。因此，目前我国高等教育的领导者，无论是在个人素质方面还是在事业心方面都应该是比较高的，但是，一旦他们出现偏差，往往就缺乏机制的制约。

既然高等教育领导者的重要性对高等教育的影响如此之大，那么，对于高等教育领导者的要求也应该是比较高的。高等教育的领导，特别是主要领导，不论是任用制还是选聘制，领导者的个人作用都是不可忽视的，而笔者主要考究的是高等学校的领导者，特别是大学的校长。

一、高等学校领导者的素质

关于高等学校的领导者应具备的素质，近年来已有很多研究。一般来说，它包括四个方面：思想品德素质、科学文化素质、专业素质、身心素质。

思想品德素质是领导者应具备的首要素质。它包括思想政治素质，例如，坚持以邓小平理论和“三个代表”重要思想、科学发展观为指导，坚持社会主义的办学方向，全面贯彻党的教育方针，等等，以及道德素养，如职业道德及优良的作风、社会公德及强烈的责任心等。

科学文化素质是领导者施加影响力的基本素质。高等教育的领导对象是高知识层的人群，因此对领导者的知识素质提出了特殊的要求。一般来说，高等教育的领导者应具备以下知识素质：马克思列宁主义理论与哲学知识、领导科学与教育科学知识、现代科学文化技术的一般知识与从事某项专业的专门知识，以及由这些知识集成和内化的科学文化素养。高等教育管理的最高境界是科学文化的管理。

专业素质是领导者从事高等教育管理的必备条件，主要体现在专业的能力方面。从某些方面来讲，专业素质是科学文化素质的一个表象，具体地表现在领导者的决策能力和组织行动能力等方面，由于高等教育系统的复杂性，领导者要具有更好的领导技术和技巧，具有更强的平衡协调及掌控局面的能力。

身心素质是履行领导职务的基本条件。高等教育的领导工作就是协调和解决各种各样的矛盾，有些矛盾的解决具有很强的时效性和刺激性，工作强度有时也是很大的，领导者在科学决策、正确选择、合理解决矛盾的过程中，必须有坚韧不拔的毅力，要有较强的心理承受能力和自我控制能力，同时，还要有强壮的身体，否则，可能什么也干不成。

另外，也有人这样认为，高等学校在改革与发展中，一般都有一个凝聚组织的“核心”，高等教育系统应努力造就具有综合素质结构的领导者队伍。因此，领导者的素质还应该包括：活动能力——“外交家”的沟通能力；业务资历——“硬专家”的学术权威；人格魅力——“家长”风范的非职权性影响力；管理魄力——“软专家”的管理水平。

二、大学校长的行动策略

大学校长要善于对管理系统增加适当的活力。大学校长的职能是组织学校的教育资源，为实现大学的办学目标展开教育管理活动。一位优秀的大学校长的首要职责是为大学筹措足够的办学经费，通过自己的聪明才智、决策能力把学校的系统资源运用到最佳的程度。要使系统资源的运作机制达到最佳状态，作为大学校长，要努力通过有效的方法使得不平衡达到平衡。这是一个管理哲学理念。平衡是指大学内部的政策和工作制度保持相对的稳定特性，不平衡是指根据人们的心理特点，采取最小搅动原则，通过一种创新性的工作方法与思想，使整个管理系统具有生机与活力，避免管理系统年复一年的“涛声依旧”。

在大学组织管理系统中，决定权和执行权有时比较分散，有时领导者可能不想去做决定。而如果管理者不勤政，或者由于个人的利益与组织的利益处理不好，也可能导致领导者没能真正地实行有效的领导。这样可能造成两种后果：一是责任分摊，由于实行集体领导等方式，校长或主要领导者可以长期依靠一些专门委员会和部门开展工作，而这些专门的委员会和部门是为了分担责任而设计的，但由于责任主体不明确，往往会产生问题责任的“分摊”，从而造生没有人负责的后果；二是无所建树，校长或主要领导者如果不实施有效的领导，下属就会将这种“不负责任”的方式传递下去，从而使集体的决定没有得到真正的执行，领导陷于形式，并由此走向一事无成。

大学校长应避免在系统决策中对应该由别人决定的问题做出决定。大学校长与工业企业或政府机关的领导人的一个重要区别在于，不能够简单地采取行政手段管理学术问题。大学校长应该重视院（系）基层组织的学术管理，尊重基层专业人员对学科专业管理方面的意见，学术的管理要最大限度地实行分权，让学术带头人和学术组织去管理学术的事情。如果大学校长越俎代庖，不仅将自己拖进了永无休止的工作琐事之中，也在很大程度上影响了他人的工作积极性。大学校长不应该直接决定基层职权范围内的事情，虽然从某个角度来看，这些是大学管理中很重要的问题，但是，大学校长应该通过一定的工作程序，明确其他校领导的工作职责范围，并用制度加以规范。

大学校长要有足够的智谋、涵养来驾驭高等教育管理系统。大学校长必须含蓄，不可轻易亮出自己的观点。在多种相互矛盾的选择面前，大学校长不能表现出过分的自信（尽管大学校长自己必须有一种超然的自信，但最好不要轻易流露出来）。对于有些急需改革的工作，大学校长也许需要有很大的耐心。如果大学校长不准备用这种方式来对待和慎重地处理问题，特别是在一些大是大非面前，在一些重要的决策场合，不假思索地急于亮出自己的观点，很有可能适得其反，或者造成难以收拾的局面。

大学校长在系统成员中对双重忠诚要学会让步。一般来讲，大学的教授既忠诚于他所服务的大学，又忠诚于他所研究的学科，特别是在这两个方面的选择上，大学的教授更忠实于他们所研究的学科，那么，大学校长有时面对的是一个复杂的难题，在学校管理的问题和学科方面的问题之间可能要有所取舍。应该说，双重忠诚总体上目标是一致的，在这一点上大学校长要有足够的认识。因此，大学校长在双重忠诚出现矛盾时应该做出一定的让步，以维持学校内部管理的平衡。

大学校长要通过自己的人格魅力影响系统成员。人格魅力的影响是一种高级的领导效果，是大学校长的人格品质、道德作风、文化修养、技艺技能、学术声誉等的影响。大学校长要有随时修正自己的思想和行为的能力。这是一个十分重要的自省策略，但同时也是一个说起来容易做起来难的行动策略。

大学校长的行动策略是很丰富的，远远不止以上这些，随着管理思想和方法的不断创新，优秀的大学校长行动策略将会层出不穷。

三、高等学校领导者的主要任务——激励下属

高等学术领导者的主要任务是激励下属，协调解决组织目标实现过程中出现的矛盾。不同的领导者在完成这些任务时，可能会遵循不同的原则和方法，可能会运用不同的技术，因而也就会产生不同的绩效。现代领导科学已形成一些具有普遍意义的领导技术，在高等教育领导中运用这些技术和方法，无疑对提高领导绩效是有帮助的。下面从激励过程、激励因素、激励原则、激励技术四个方面予以说明。

（一）激励过程

组织系统机制的形成除了制度外，在很大程度上取决于系统激励过程。激励作为心理学的术语，指的是激发动机的过程。把激励这一概念用于管理

活动就是通常所说的调动积极性的问题。心理学研究结果表明，领导者激励下属就是指下属做了那些领导者希望做的事情后，领导者使下属在某方面的需求得到满足，从而使下属按照所需要的方式行事。人们可以把激励看作一系列的连锁反应，从感觉的需要出发，引起人的欲望或所追求的目标，它促使人的内心紧张，然后引起去实现目标的行动，最后使欲望得到满足。

（二）激励因素

讲激励，就得从需要讲起，因为任何动机的产生或形成都离不开某类需要的缺乏或某种不满足感。因此，需要及需要的种类和性质就成为动机激励效果的决定性因素。对于高等教育系统来说，领导者想有效地激发下属的动机，就必须了解高等教育系统的各类组成人员有什么需要。一些研究提出了四个主要的激励因素。一是个体成长。存在使个体能够认识到自己潜能，它证实了这样一个前提假设：知识工作者对知识、个体和事业的成长有着不断的追求。二是工作自主。工作自主是指工作者能够在既定的战略方向和自我考证指标框架下完成上级交给他们的任务。三是业务成就。业务成就是指工作者完成的工作业绩达到一种令个人足以自豪的水准，这是与组织的需要相关联的因素。四是金钱财富。金钱财富是指工作者获得一份与自己贡献相称的报酬，并使其他人能够分享到自己所创造的财富。这种奖励制度既要适合于组织的发展，又要与个体的业绩挂钩。高等教育领导的对象是人，这里的“人”是高等教育系统中的主体要素，他们是各级下属领导者、教师、科研人员、其他工作人员和学生等。这几类人员的年龄、学历、专业、知识、角色地位与工作性质等各不相同，他们心理需要的类型和性质也不完全一样。因此，高等学校领导者将马斯洛的需要层次理论运用于高等教育领域时要具体情况具体分析，不能照搬照套。

对于教师来说，自主、尊重、胜任工作、对工作条件的满意程度、取得成就等，都是十分重要的高层次需要。由于高等学校教师都是受过良好教育的高层次知识分子，很难说以上这些需要中哪一种更重要，也就是说很难在这些需要中找到一种层次序列。在实际中，更多的情况是在某些场合自主的需要更强烈些，而在另一种场合，胜任工作的需要更强烈些。有时工作条件的需要占优势，有时取得成就的需要可能更迫切。有人曾概括过教师需要的四个特点：精神文化需要的优先性，创造成就需要的强烈性，自尊荣誉需要的关切性，物质需要的丰富性。高等学校的领导者在激发教师的动机时不能忽视教师的各种需要及其特点。对于大学生来说，各种需要的强烈程度又有所不同，而且各种需要的指向也不相同。例如，在学生集体中，人际关系与成才等方面的需要更为突出。另外，他们自我实现的需要并不与每天的平凡琐事发生密切联系，它更多地贯穿于大学生在校的几年时间中，体现在他们对文凭、知识、能力及对职业理想的追求之中。

需要指出的是，“需要”这个词并不是一个简单的概念，除了具有多重性外，还具有变动性的特点，同时，作为激励的关键因素，需要可以引出行动，也可以由行为引出。因此，激励过程中必须具体情况具体分析。

（三）激励原则

高等学校领导者在激励下属时，至少要注意以下 3 项原则。

1. 针对性原则

需要的特点、性质以及需要与行为关系的复杂性，要求领导者在实施激励之前必须了解下属需要的类型和需要的结构。实践证明，同样的激励措施对不同的人有不同效果，其原因就在于不同的人有不同的需要。有针对性的激励措施就能收到事半功倍的效果。

2. 合理性原则

合理性原则包括两层含义：一是领导者应根据需要的不同类型采用合理的措施，进行合理的处理；二是激励的程度要合理，领导者应做到奖罚分明，使奖和罚都能收到激励效果。

3. 教育性原则

随着人的文化层次的提高，人的需要也会向高层次发展。因此，激励也可以从教育入手，通过改变人的需要结构达到激励的目的。激励的教育性原则要求领导者在激励过程中既要注意解决下属的实际问题，满足下属的实际需要，又要通过教育提高下属的需要层次。

（四）激励技术

在组织系统的激励中，研究者提出了许多激励技术。研究表明，群体积极性中的 60% 是由社会压力、职务需要及上级领导者的职权等引起的，而其余 40% 则是因领导者的领导技术激发的。可见激励的潜力是很大的，不同的激励理论形成了不同的激励模式，并由此形成了多种激励技术。

1. 双因素激励技术

美国心理学家赫茨伯格研究认为，影响人的积极性的因素可以分为两类：一类是保健因素，它是维持基本需要的社会性因素，主要包括物质、经济、安全、环境、地位、社会活动等，保健因素是使教职工避免产生不满的因素，相对来讲，其激励的作用有限；另一类是激励因素，主要包括一些高层次的需要，如成就、工作、职责等，它是使职工产生满足感，从而激发积极性的因素。这就是著名的双因素理论根据双因素理论，高等学校领导者在领导过程中必须重视改善物质、经济生活条件，这是产生积极性的基础，只有这样才能保证工作的正常进行。近年来，高等教育界的收入与社会其他行业的收入差距较大，这种经济状况使高等学校教职工的一些基本需求得不到满足，因而不少人不安心于本职工作，心理不平衡，改善教职工的物质生活条件就显得特别重要。但是，事实又证明保健因素并不能完全产生激励力量，有些高等学校物质条件较好，但教职工的积极性并不高。在改善物质条件的前提下，充分激发教职工的积极性还必须借助于各种精神方面的因素。

2. 期望激励技术

期望理论是由佛隆首先提出的。这一理论认为，人的固定需要决定了他的行为和行为方式。人的行为是建立在一定的期望基础上的，个人活动与其结果之间具有一定的联系。期望理论中有一个十分重要的公式：激励力量＝效价 × 期望值。其中，效价是指个人对所从事的工作或所要达到的目标的估价，即被激励对象认为的这一激励目标的价值的大小；期望值是个人对某项激励目标实现的概率的估价。高等学校领导者运用某些事物进行激励时，必须评价这一事物对被激励者价值的大小。价值是客体满足主体需要的程度，只有强烈需要的事物才能产生较强的激励作用。同一事物对不同的人具有不同的价值。同时，无论价值多么大的一件事物，只有被激励者认为经过努力后会得到时才有激励作用。例如，如果校内超工作量奖励的指标定得合适，即使奖金不高，对多数人来说还是会有较强的激励作用。

3. 公平激励技术

公平理论认为，人们总是要将自己所做的贡献和所得的报酬与一个和自己条件相似的人的贡献和报酬进行比较，如果二者的比值相等，双方就都有公平感，如果这二者的比值不相等，一方的比值大于另一方，低的一方就会产生不公平感，产生挫折心理。高等学校的领导者应注意到，一个人在某一方面确实做出了贡献，给予奖励就能产生激励作用。如果奖励的程度大于被奖励者与其他人贡献的差别程度，则会使其他人产生不公平感，而如果贡献大、奖励小则起不了激励作用。领导者还应注意，高等学校中存在着高估自己的贡献而低估别人的成就的一些人，他们往往把本来公平的认为不公平。因此，领导者在激励时要客观公正地宣传被奖励者的成绩，使每个人都有显示自己成绩的机会，通过比较使教职工正确认识自己的和别人的贡献与报酬。

4. 目标激励技术

目标激励也是一种目标管理的方法，它把组织的目标分解成各项具体的目标，让教职工把个人目标和组织目标结合起来形成“目标链”，通过目标进行管理，使目标对教职工产生激励作用。实行目标激励有几个好处：一是能使教职工看到自己的价值和责任，一旦达到目标，教职工就会产生满足感；二是有利于各方沟通意见，减少达到目标的阻力；三是能使教职工个人利益和整体目标得到统一。实行目标激励的过程可以分为三个阶段。第一阶段，每个教职工要根据本部门的目标和个人的实际情况制定个人目标。第二阶段，鼓励教职工发挥各自的积极性去努力完成自己所制定的个人目标，进而完成总目标。第三阶段，对完成目标的情况进行测定和评价，激发人们为完成更高的目标而努力。高等教育的总目标是培养人，高等学校领导者运用目标激励技术时，目标的设定必须充分考虑教育规律，目标的形成和分解要充分吸收教职工参与，目标的评价必须有一套科学的体系，否则难以起到激励作用。

5. 榜样激励技术

人们常说榜样的力量是无穷的，榜样对较先进者是一种挑战，它可以激发先进者继续努力；榜样对一般人也有激励作用，能鼓励一般人奋发向上，榜样也会使后进者在心理产生触动。从某种意义上来说，领导激励过程应是一个树立榜样的过程。开展榜样激励应注意榜样要来自群众，应有广泛的群众基础，榜样的事迹要真实，要经得起各种检验。领导者的良好言行通过暗示和模仿心理对群众产生影响，促进单位良好风气的形成，这本身也是一种榜样激励。

6. 强化激励技术

强化激励技术是指通过对个体的某种行为给予肯定和赞赏，使这种行为得以巩固和保持；对某种行为给予否定和惩罚，从而使之逐渐增强或者减弱的过程和方法。强化激励可分为物质激励和精神激励，在运用过程中一定要注意刺激的适度。刺激太弱会使刺激起不到应有的作用，刺激太强会使刺激钝化，少量多次刺激能使刺激有更长的作用时间，但往往程度不够，集中刺激则可能不会持久。

四、领导艺术

高等教育的领导艺术是一个内涵丰富的概念。结合具体的领导过程，笔者对领导的一般艺术进行以下简要分析。

（一）领导者的授权艺术

面对由科技、经济、社会发展所导致的日益复杂的领导和管理，即使是超群的领导者或领导层也不可能再独揽一切事务和权力。精明的领导者，其职责已主要不在做事，而在成事了。授权乃是成事的分身术，反之，事必躬亲，则必然成不了大事。所谓授权，是指由上级授给下属一定的权力和责任，使下属在有效的监督之下，有相当的自主权、行动权。授权者对被授权者有指挥权、监督权，被授权者对授权者负有报告情况及完成任务的责任。大胆授权对各级领导班子是十分有利的，它可以把领导者从琐碎的事务中解脱出来，专心处理重大问题；可以激发下属的工作热情，增强下属的责任心，提高效率；可以提高下属的能力，有利于培养干部；可以充分发挥下属的专长，补救领导自身才能的不足。

授权的范围很广，在人、财、物、事等管理中均有授权行为，它们各有不同特点。但不管哪种授权，都有以下一些共同的准则可以遵循。一是根据预期的成果规定任务和授权，“因事择人，视能授权”是授权最根本的原则。二是根据所要完成的任务挑选人员。授权之前，授权者应对被授权人进行考察，力求将责任和权力授给最合适的人，如果一时不能确定，则可用“试用”“助理”等方式解决。三是保持信息渠道的畅通。授权者应向被授权者明确任务目标及责权范围，并尽量帮助被授权者解决其所遇到的困难。四是建立适当的控制机制。当授权发生偏差时，授权者应及时收回权力。五是有效地授权和给予职权的报酬。除了金钱报酬外，给予更大的决定权和声望通常更有激励性。六是授权者只能对直接下属授权，不能越级授权。例如，校长只能把他所属的权力授给他所管辖的处长，而不能越过处长把权力授给科长，否则会引起“中层波动”。七是领导者不能将不属于自己的权力授给下属。

授权既是领导者必备的领导学知识，同时也是一种领导艺术与才能。如果过分授权，就等于领导者放弃权力；如果授权不足，领导者还是被琐事所困，也就失去授权的意义。授权是一个复杂的问题，不同的人有不同的做法和经验，但也有共同的技巧可循。这些共同的技巧有以下两个。一是分权而不放任。从系统科学的角度出发，将复杂的整体目标分解为子系统目标，实行“分而治之”。分权后，领导者还要尽力发挥其综合功能，将分散的权力构成一个整体。二是掌握有效的控制方法。授权后，领导者应当综观全局计划的进程，对可能出现的偏离目标现象进行协调，对被授权者实行必要的监督和控制。要注意的是，对被授权者所加的责任不是突然的，而是一个循序渐进的过程，要适度地一点一点地将权重加上去；领导者要讲究授权的方式方法，应适当地称赞被授权者的优点，以充分激发其信心，同时，也应指出被授权者应避免的不足之处。控制是一个连续不断的过程，客观情况的多变决定了其不可能一劳永逸，领导者应注意防范并及时纠正下属执行过程中的偏差。

（二）领导者用人的艺术

汤姆•彼得斯认为，为了使组织充满朝气，必须注意用人策略。领导者的用人艺术以下几个方面。

①领导者应聘用具有好奇心的职员，因为好奇心能够激发职员努力做好工作；有时，领导者还要雇用一些“不太正常”的人，这些人有个性和特点，而并不是生理和心理不正常，因为职员只有好奇心是不够的。

②领导者应解聘缺乏思想的雇员，培养激情之士。

③领导者应寻找年轻人。在知识经济发展和市场竞争日趋激烈的时代，任用那些看起来似乎没有经验的年轻人，可能会给组织带来更大的发展机会。

④领导者应坚持给每个人一些休闲时间。

⑤领导者应建立新的内部交往机制，努力营造一个良好的气氛。

⑥领导者应建立各种俱乐部，吸引外部人士参与决策过程。

⑦领导者应有创新意识。因为如果领导者没有创新意识，那么他的下属和整个组织也不可能有所建树。

⑧领导者要注意领导过程的民主性，以提高决策的科学性和有效性。

⑨领导者必须调动每一名教职员工的积极性才能最大限度地实现领导作用的有效性。领导者要调动下属的积极性必须身先士卒，成为激发下属积极性的一种外在动力，一个优秀的领军人物本身就是最好的榜样，是组织活力的核心。

（三）领导者利用时间的艺术

高等教育系统的领导者每天都有大量的工作要做，“双肩挑”的领导者则更感时间之宝贵。如何合理、有效地利用时间是领导者必须解决的问题，关于这个问题，领导者应做到以下几点。一是领导者要最大限度地谋求可控时间。属于领导者支配的时间可以分为可控时间与不可控时间。一般而言，职务越高的人，可控时间就越少，例如，校长比系主任的可控时间要少得多。因此，领导者要善于将不可控时间转化为可控时间。二是领导者要区分重要事件和一般事件，分清轻重缓急，抓住关键工作。三是领导者应用最佳时间完成最重要的工作。领导者应自觉总结并熟悉自己体内的“生物钟”，要在精力最旺盛时间处理最重要的、最困难的工作，把例行的公事放在精力稍差的时间去做，以提高时间的利用率和有效性。四是领导者的常规工作应标准化。五是领导者应切忌事必躬亲。六是领导者应多开碰头会或实行工作餐制度，这样可以挤出大量的处理问题的时间。七是领导者应有控制工作时间的能力。

综上所述，领导问题的核心是影响力，高等教育领导是一门科学，也是一门艺术，同时，还具有许多技术性。然而，高等学校领导者“不要期望能找到任何一种解决领导问题和职权问题的完善答案，他们必须处理在一定时期内不是固定不变的种种社会心理因素的复杂关系”。领导，实际上就意味着各种易变数的可能组合。学者要不断加强研究，揭开“领导问题之谜”，实现高等教育领导的科学性、高效性，使高等教育的管理者，特别是领导者，在高等教育管理系统的各个层面中起到应有的作用。

第四节　我国高等教育管理改革与发展趋势

高等教育管理改革是大势所趋。按照高等教育发展的一般规律，它的改革是与国家的政治、经济、文化有着必然的联系的。从高等教育管理状况来看，我国的高等教育与整个社会的发展基本上是相适应的，同时，目前的政治、经济、文化的发展对我国高等教育又提出了新的任务和要求，特别是经济的发展、科学技术的创新、文化的创新等对各级各类高级专门人才的需求，因此，我国在高等教育发展的开放度上、在管理的思想和体制上、在管理的模式与方法上等都要进行一些变革。只有在思想上、观念上认清高等教育改革和发展的方向，准确把握高等教育改革与发展趋势，管理者才能够运用先进的管理方法和技术来管理高等教育。

一、高等教育对外开放度更高

如果说当今我国高等教育发展得益于我国的政治体制和经济体制的改革，那么，其中很重要的一点就是得益于我国政治经济体制下的改革开放，没有开放就没有今天我国的高等教育发展的成果。打开国门才能看到我国高等教育发展的差距，打开国门才会引入国外的一些先进的高等教育的管理理念、引进先进的管理技术与方法，打开国门才有对外开展高等教育管理信息交流的机会。因此，开放至少对我国的高等教育管理起到了三个方面的促进作用。

（一）促进了管理思想观念的转变

我国相关学者通过考察国外高等教育，加深了对依法治校、教授治校、教育评价、以人为本、科技创新、服务社会等思想观念的理解，把一些先进的教育思想融入管理中，促进了高等教育管理观念的转变。

（二）促进了高等教育管理法制体系的建立和完善

打开国门使人们看到了发达国家完善的高等教育管理的法制体系，这种体系有效地保证了高等教育科学、规范、有序、稳步地发展。

（三）促进了高等教育管理的功能更加明确和完善

传统的计划经济体制下的高等教育功能是单一的，可以说，它在一定程度上是为国家服务的工具，基本上没有自主性的功能，没有社会化的功能。我国经过了转变教育思想、教育观念的大讨论，经过了对高等教育性质的广泛深入地研究，高等教育的功能越来越明确，越来越完善，越来越符合社会主义市场经济的规律。

我国的高等教育逐步走向国际化，高等教育的开放程度必将更高。要建设国际上一流的高等教育，要建设国际上一流的大学，没有国际的交流与比较，就会使发展就缺乏目标。一个国家高等教育的水平，从某个角度来讲，反映了这个国家现代化的水平，没有高等教育的现代化，没有高等教育的国际化竞争，没有一大批高水平的国际一流的大学，没有一个整体高水平的、现代化的高等教育，谈国际化竞争便是一句空话。

高等教育更加开放应该是思想的更加开放，没有思想的开放，即使国门打开，我国也不一定能够借鉴先进的国外高等教育的管理方法。我国相关学者必须要思考为什么要开放高等教育的问题，道理其实也并不是很复杂，整个国家都开放了，经济也在融入全球化的大潮中，高等教育的开放是必然的，高等教育随着国家经济的全球化战略将越来越开放也是必然的。因此，我国首先要解决的是思想更加开放的问题，不解决思想认识问题，相关学者不能从根本上认识开放对高等教育管理带来的影响，就不能从根本上理解高等教育的质量与科学研究的水平必须保证国家参与国际竞争的意义。

高等教育的国际化战略是一种发展趋势，但是绝不是全盘国际化，高等教育的开放应该建立在正确的需求上，应该符合我国的实际。欲速则不达，在条件不具备的情况下，没有实事求是的观念，反而会适得其反。这是一个实事求是的辩证的问题。高等教育国际化战略是指高等教育要参与国际化竞争，在竞争中不断提高我国高等教育的整体水平，也就是在竞争中学习、在竞争中提高的同时，也在竞争中发扬我国的优良传统，在竞争中推出我国高等教育的先进部分，形成我国高等教育管理的特色，让我国的高等教育走向世界，也让我国的高等教育影响世界。

二、对高等教育管理者的要求更高

（一）高等教育管理要专业化

大学管理专家E·阿什比曾说过，成功的管理专家的技巧并没有井井有条地被安排在教材之中，管理是一种未加工好的艺术。因此，学习管理的唯一有效的方法就是在管理的过程中进行管理的研究与有效实践。笔者认为，具有先天管理才能固然值得庆幸，但在社会政治、经济、文化飞速发展的时代，管理者的新鲜血液不断增加，新的管理者大量替代老的管理人员，再加上现代高等教育组织的变化很快，复杂程度越来越高，已经使任何一个想有所作为的高等教育管理者都必须接受管理本部门相应水平的专门知识的训练，提高技能，以便在纷繁的高等教育组织中恰如其分地利用和发挥其管理的天赋。具体而言，高等教育管理专业化的要求应基于以下几个方面。

1. 现代高等教育管理专业的思想与方法的要求

现代高等教育的管理者必须要懂得，自己所从事的职业的专业性及其特点，因为现代高等教育管理的专业化水平要求已经越来越高了，不论是管理的知识还是管理的技术方法，要求管理者具有很强的现代教育家的专业管理理论，发现问题的敏锐管理眼光，研究事物的哲学家的管理思想，高效的企业家的管理能力。现代社会知识、技术的迅速发展为高等教育管理的专业化创造了条件，高等学校对管理工作者的选择余地很大，这就需要高等学校的管理者通过专业的学习和实践体现自己的专业能力和价值。

2. 高等教育资源的专业性要求

高等教育资源的专业性对高等教育管理者专业的要求必定越来越高。从资源的硬件来看，随着国家社会经济的发展，政府及社会各方对高等教育的投入也越来越大，高等教育的资源更加丰富，高等教育资源的知识性、技术性也越来越高，高等教育资源的专业性也越来越强，这些资源的各种元素组合成为一个复杂的专业管理的硬件系统，对高等教育管理者的专业知识及专业技术的要求越来越高。从软件方面来看，高等教育管理中最重要的资源是人力资源，随着改革开放的深入，高等学校的师资队伍发生着很大的变化，特别是具有越来越多留学背景的人员加入教师队伍中，他们带来了国外的一些先进的管理思想和理念、先进的教育思想和方法，使教师及管理队伍的人力资源更加丰富。同时，高等教育的辅助人员、管理的学历层次、知识结构也在发生重大的变化，管理队伍资源本身在优化，专业性越来越高。因此，无论是管理资源的硬件还是软件，资源的专业性越来越高是一种趋势。

3. 社会多元系统对高等教育管理的影响

社会多元环境的复杂性要求高等教育管理者具有多维的专业管理视野。高等教育走出象牙塔的过程也是其受社会多元程度不断发展影响的过程。这首先表现在高等教育必须对个人、家长、政府部门、企业及政治家提出的不同期望和要求做出不同的回答和反应。其次，高等教育系统的结构、运作方式、管理条件正经受社会其他系统的环境影响。不难发现，高等教育不仅要借用一般的管理理论与方法解决自身的问题，而且要运用高等教育管理的专业原理、规则去解决相关的社会与学校发生关联的问题。随着改革开放的程度不断提高，这种多元不仅仅局限于一个国家、一个地区，它是一种全球化视野的多元。因此，现代高等教育管理者要具备这种社会多元视野的专业思想和管理能力。

（二）高等教育管理者的高学历要求

前面已经提到过，高等教育管理的专业要求越来越高，因此，毫无疑问，虽然我国重视学历而不唯学历，但是，高等教育管理者的高学历化是一种发展趋势。无论宏观的高等教育管理者还是微观的高等教育管理者，低学历层次的管理者正在被高学历层次的管理者逐步代替。目前，各级高等教育行政管理部门的领导者一般都具有较高学历和较高级技术职称，不断补充着的年轻的、具有研究生学历的管理者越来越受到这些部门的欢迎。目前高等学校的党政主要领导，特别是校一级领导，大都由具有高级技术职称、较高学历学位、具有一定的国际留学和出国学习背景者担任。这里强调学历，不是唯学历主义，而是要求高等教育管理者在高等教育管理方面具有真才实学，学历要求意味着需要有与时代发展相适应的高等教育管理者，其应具有较新、更高的综合知识，较强的专业能力，辩证的和系统思维的能力，科学决策的能力。近年来，不少重点高等学校启用在国内外获得博士学位的高层次人才担任校级和二级部门重要的领导职务，充分发挥他们对国际高等教育最新发展前沿动态学习和理解的优势，应用先进的管理思想、管理技术和方法推进学校的工作向前发展。事实上，出现管理者高学历化的原因如下。

1. 管理对象与要求的提高

1982 年，我国颁布了全国人民代表大会通过的第一个教育法规——《中华人民共和国研究生学位条例》，在此后的十几年中培养了许多硕士研究生和部分博士研究生。与此同时，为数众多的国家派遣的或自费留学的学生在国外攻读研究生学位，这些高学历的人员进入大学教师队伍形成了管理对象的高学历化。如果管理者在学历层次上与他们差距太大，就会缺乏共同语言，在管理上出现交流的障碍，因此，管理队伍的高学历化是高等教育管理发展的很重要的趋势之一，整个高等教育管理队伍在学历层次的结构上发生变化已经成为必然。近年来，国家和高等教育组织也很重视这方面的问题，采取了多种途径提高管理者的学历层次。同时，国家高等教育专业研究生教育的发展很快，具有多种研究生层次的大学毕业生进入社会谋职，这些都为高等教育的行政领导部门和高等学校聘用具有研究生学位的管理者创造了基本的选聘条件。

2. 领导干部的素质要求

教师队伍中特别是年轻教师中，具有研究生学位的教师比例越来越高，要管理好这支高学历的教师队伍，势必对领导干部提出更高要求。正如著名管理学专家哈罗德·孔茨所说：“没有高级管理人员迅速、灵活、不墨守成规并有条理的管理就不可能进行有效的管理。”因此，他认为，接受过良好教育的人要比受较少教育的人更可能提升到各级领导岗位上去。我国高等学校主要在20世纪80年代后期，尤其是90年代以来，注重选拔具有研究生学位的德才兼备的人到各级领导岗位，他们更了解教师队伍中众多教师的需要、心理特征、业务素质、思想品德，工作起来更加得心应手。

3. 开展国际合作与交流的需要

改革开放以来，许多高等学校开展了广泛的国际交流合作，重点高等学校往往都与国外几十所高等学校建立了合作关系。一些著名的国外高等学校的高、中层管理者都具有博士学位，学历层次与管理水平较高。如果我国高等学校的高、中层管理者也具有相同的条件，必将大大增加交流的机会，推动学校与国外的学术交流，扩大合作规模和领域，提高学校在全球的知名度。

4. 普通管理者自身的需要

我国实际上是比较注重个人学历的国家。企事业单位在招聘管理人员时都注明了要求什么样的学历，工作条件好、职务较高的岗位都要求应聘者具有较高的学历。高等学校是文化教育层次较高的社会系统，在这样系统里的管理职务要求有较高的学历，学历往往与工作岗位的安排、职务的提升密切相关，同个人的社会地位、工资福利紧密联系。在社会主义市场经济条件下，好的工作岗位竞争十分激烈，我国高等学校选拔管理者的竞争将会随着市场经济的深入、高等教育办学条件的改善和管理者社会地位的提高而趋于加剧。面对竞争，高等学校管理者不得不接受与岗位相适应的高等教育管理知识与能力的培训，提高自己的学历层次和专业管理能力。

高等学校要处理好高等教育管理者的学历层次与高等教育管理专业化的

关系。管理者要有较高的学历，更要有较高的管理专业化水平。有的高等学校使用刚回国的年轻博士生或国内刚毕业的硕士生、博士生进入校级和中层管理的领导岗位，而实际结果是，有些学校往往以失败的结果而告终。因为这些人虽然有比较高的学历层次，又有高水平的其他方面的专业知识，但是缺乏高等教育管理的专业知识和实践能力。因此，高等学校在选拔管理者时应注意正确处理学历与管理专业的关系问题，不要偏废某一方面。高等学校在选拔年轻的、高学历层次的高等教育管理人员，特别是领导干部时，要从实际出发，除了考虑自身的条件外，如果合适，必须先进行高等教育管理专业的理论培训学习，从低层的管理岗位和工作锻炼开始，先熟悉情况，取得经验，为以后担任高一级的管理者打好基础。另外，从优秀的普通管理者中选择优秀人员脱产进修学习，通过培养后视其情况进行提升也不失为一种好的方法。

三、充分重视高等教育管理战略与规划的柔性

高等教育管理战略与规划的柔性是在最近几年发生的变化之一，这是市场经济发展的结果。一直以来，我国高等教育的战略规划过于系统和刚性，特别是在长期的计划经济影响下，比较注重短期的规划，过于系统、详细，但实际实施政府教育行政管理部门出台的系统、详细的宏观规划后的结果与预期的结果形成很大的差距。通过10多年的实践，我国对高等教育的战略规划进行了重大改革，特别是国家和地方政府在“十一五”高等教育改革与发展战略规划的制定中，逐步弱化以行政方式和思想去指导高等教育组织的行动，代之以现有政策、制度、方法与措施来对高等教育进行规划，强调宏观指导下的微观决策的自主性、创造性及对市场变化的适应和调整，充分反映战略规划的协商性、指导性、灵活性等柔性特征。

（一）协商性

协商性体现了政府以协商的态度，广泛听取社会各界意见，尊重高等学校的意见和建议，并且与高等学校一起，通过立项的方式开展调查研究，进行经济与社会发展对人才要求的预测，进行科技的发展与学科专业发展的预测。在这一过程中，政府不再是规划的单方制定者，而要通过专家、高等学校的办学者、主办者对高等教育市场需求信息的研究达成一致意见。

（二）指导性

指导性是指政府的宏观战略规划只具有原则性的指导作用，对学校一般没有法律上的强制约束力，但指导性很强。应当承认，目前我国高等教育战

略规划还多少受到计划经济的影响，但是，市场调节作用明显在增加。宏观战略规划应充分考虑到社会经济发展水平、公众对高等教育的需求、地区间教育发展的不平衡等多种因素，有效发挥各级教育行政主管部门对高等教育战略规划的宏观指导作用。

（三）灵活性

我国一般先编制一个中、长期总体发展战略规划，然后根据变化适时地推出短期计划以作为对总体规划的补充和调整。同时，没有一个在实施过程中一成不变的规划，由于高等教育管理对象的复杂性和管理要素的柔性，出现一些变化是正常的，变与不变也是相对的，只要有利于管理目标的实现，规划肯定要被改变。这就是规划灵活性的一面。例如，通过对比《全国教育事业第十个五年计划》和《国家教育事业发展“十一五”规划纲要》可以看出，它们在命题上就有所区别，前者是实实在在的计划，强调了计划性，而后者是规划纲要，弱化了计划性，突出了指导性与灵活性；在发展的战略思想与目标上，前者是以遵循的“基本原则”为出发点提出的，而后者是以“发展思路”提出的；在主要目标与任务上，后者只在一个大致的发展区间、要点式地提出工作思路。

四、管理制度与程序更加规范

未来高等教育管理制度与程序更加规范也是不言而喻的。古典管理学派曾主张管理层次系统化、规格化和集权化，行为科学学派则主张分权的、较为松散的组织管理。不论是哪一个学派，管理的规范化依然是提高管理水平和效率的重要保证。由于管理工作的不规范，高等学校没有按照规范工作而造成管理混乱及降低高等教育资源利用率的现象是存在的，例如：不少高等学校各类人员的工作量一直没有适当的规范标准来统一衡量，由此造成了平均主义，从而影响教职工的积极性，这是一个较为普遍的问题；有些高等学校在使用仪器设备时没有严格、规范的操作章程，使仪器设备损坏率大大增加；各种统计报表由于没有统一要求和严格制度，在具体填报过程中常出现随意性，使统计数据部分失真；许多高等学校对教师从事第二职业没有明确的制约，致使有些教师第二职业工作量过多，严重影响学校教学、科研质量；对于学院与学院、系与系、处与处之间需要合作才能完成的事往往没有明确规定，造成每件事都要研究协调，浪费了大量的时间和精力；由于没有严格的制度和岗位规范，出现校长做处长的事，处长做科长的事，使领导陷于不必要的具体事务中，因而不能深入调查、获取信息，不能进行科学决策；等等。

这些事实的存在，充分说明了管理规范化在现代化的高等教育管理中有着十分重要的作用。从管理机构与管理者来讲，与国外相比，我国高等学校的管理者偏多。

当然，出现上述这些问题有体制的原因，特别是我国高等学校做了许多应该由社会管理、学生自我管理的事情，但是整体上还是存在人浮于事的局面。国外发达国家高等学校管理者岗位工作十分明确，由于实行流动制，岗位竞争激烈，管理者工作都很努力。而我国由于缺乏针对高等学校管理者的较为明确的工作规范，人员的业绩考核与评价无从谈起，竞争机制难以建立。管理的规范化十分有利于简化和比较准确地对各级管理者进行考核。目前，不少高等学校对管理者的考核流于形式，甚至没有明确具体的考核标准，而有些认真进行考核的高等学校则要求每个管理者把自己的思想政治、完成工作、今后打算等填写进表格，对半年或一年的工作进行自我总结，相互交流，听取意见，还要组织出面背靠背地收集情况，组织专人对被考核者进行打分，最后所有材料还要全部被装进档案袋，显然，这种做法过于烦琐。在对基层管理者进行烦琐考核的同时，近年来对领导者的考评却简单起来。以往，有的高等学校领导要在教职工代表大会上进行述职报告，听取意见和建议，而现在改为在中层干部范围内述职，这两种做法在性质上是完全不同的，效果相差很多，后一种做法难以听到对学术领导工作做得好坏的客观评价及尖锐的批评。按管理学理论，一般不应由校长任命的中层干部来对校长工作进行监督，这种做法根本不可能考核出真实的结果。久而久之，它会造成教职工对学校工作敷衍了事。

在干部的考核与提升上也缺乏真正的科学规范，领导提升干部不看工作业绩、个人品质、职业道德、心理素质，而主要看其是否听自己的话，对有开拓精神、工作有成绩，但敢于给领导提意见的人，领导总是看不顺眼，甚至通过各种方式对其进行压制。

规范主要是规定各级各类管理人员的职责、工作任务、工作程序，而不能被用于束缚管理者，严格而适度的规范能够使各级管理者的创造性积极地发挥出来。所以，高等学校在制定规范和制度时，要适当留有余地，让各类人员根据自己系统的管理目标创造性地工作。

五、高等学校权力结构合理化和管理模式综合化

（一）高等学校权力结构合理化

高等学校管理的权力结构在纵向上分为若干层级，在横向上，每个层级

又分为若干职能部门，形成纵横交错的矩阵式权力体系，这就是所谓的“科层制”。科层制被认为在精确性、稳定性、纪律的严格性和可靠性方面都优于其他组织形式。与社会中其他系统相比，高等学校的权力结构带有“科层制”的特点，同时又具有自身的诸多特质。

在我国高等学校中院（系）教学行政管理者常常认为管理者只是为了行使学校赋予院（系）的行政职能而存在的，虽然他们往往被赋予处级、科级之类的权力级别，但是他们的工作往往不能与其教学、科研管理的性质相吻合，而经常忙于一些非学术事务。有统计显示，我国大学的院（系）长（主任）平日时间花费最多的管理是事务（包括教师评价、职务晋升、工作分配、教师福利等）的管理，不少管理人员正游离在与大学管理目标密切相关的教学、科研活动之外。根据这种现象，有些大学对这种院（系）“科层制”结构进行改造，分配院（系）总支书记与院（系）首长的权力，让总支书记做事务性行政工作，院（系）首长主要做学术性行政工作，使院（系）首长的行政权力弱化，学术权力增强。

在弱化“科层制”中的行政权力，强化“科层制”中的行政服务时，有些大学的校长很聪明地将学校职能部门的管理权力弱化，或者使非权力部门从事某些方面的工作，而通过这些职能部门科学的管理、良好的服务来形成他们自己的权威，使权力受到制约，权威受到尊重。

高等学校的权力结构包括权力分配构成的结构和权力执行构成的结构，合理分配学校内部的组织权利和权力，合理的构建责、权、利能有效地制约权力的实施，是高等学校权力结构的合理化的改革方向，从目前的环境来看，要想达到这一目标，也是一个长远的阵痛过程。不过，可喜的是目前的这种权力结构可以说正在发生变化，这种变化来自一些有开拓性的大学校长，他们通过弱化行政权力、重视学术权力、简化权力施行过程，特别是增强权力的实施力度或执行力度，使得高等学校的权力结构更趋合理。

合理放权与合理用权是一门管理技巧。如何做到将学校的管理权力运用到“放而不乱、管而不死、用则有效”是一门高超的管理学问，这是一种将学校的管理权力科学地运用到极致的表现，也是许多管理者追求的目标。

（二）高等教育管理模式综合化

虽然各国高等教育的管理模式不尽相同，但根据西方大学的管理经验，要使高等教育在当今竞争环境中发挥最大作用，提高管理的效益，应使“科层”组织、市场和学术团体的管理机构有机地结合起来，使管理的模式更加综合化。

我国大学实行的“科层制”管理模式一般具有以下这样一些特点。管理的地位、权威性主要由等级决定，“科层制”管理之所以一直被奉为一种有效的管理方式，很大程度上是因为它必须依据一定的规章和权力界线分科执掌、分层负责的组织结构形成一种有效的管理方式，但考虑到高等教育“生产”过程的特殊性，有些工作的相互关联度高，造成整个高等教育“生产线”的职责分工模糊，于是，“科层制”极易走向其自身的反面——官僚主义。常见的公事旅行，办事推诿，效率低下的“贵族化”习气便由此产生。从理论上来说，高等教育系统中各管理层之间由于责权紧密结合，不应该有“贵族化”的管理存在。但事实上，过分强调“科层制”中的分工使得一些职能部门将自身的地位异化了，导致管理层级之间发生冲突。例如，监督是高等教育管理中控制职能的重要方面，它通过掌握计划的执行情况，并以一定的措施来防止和纠正偏差。正确的监督应该和保证目标实现的行为联系在一起，也就是说提出问题应该和提出解决问题的办法联系在一起。监督和保证是一个职能不可分割的两个方面。但是，目前高等学校的现状却是实际操作者往往被责备求全，行使监督权的人却可以不负责任地在一旁指手画脚，被监督者的积极性因此而受到打压，工作难免敷衍塞责，监督者有权无事，助长了官僚作风，实际操作者有事无权，双方以推诿代替了合作。

作为具有很强学术性机构的高等学校，较为松散的权力组织有其存在的必然性，这就给实行严格的“科层制”造成了困难。在集权式“科层制”中，上层高度的控制权往往与中层或下层间相互控制的软弱无力形成鲜明对比，这种模式随着官僚主义的不断膨胀，必然导致组织局部或个体对达到整体目标的离心力的增强。目前，许多高等学校已经注意到这一现象，并通过加强对机关职能部门工作的考核与评价，特别是将他们的服务作为考核的重点，而不是将权力的实施作为考核的重点，这样一来，就可以在导向上尽量避免“科层制”的弊端。同时，高等学校应在“科层制”中大力提倡管理的服务性，出台规章制度制约“科层制”中的行政权力，形成一种混合式的综合管理模式，这些方面的改革和探索正在深入地进行。

在宏观高等教育管理中，政府加市场的模式也在进行积极的探索，政府通过立法、经费拨款和评估手段对大学进行管理。随着我国社会的转型，高等教育管理体制改革的不断深化，高等教育管理中的市场成分必然会有所增加。笔者认为，市场本身并不能给高等教育提供一套相应有效的管理模式，而是通过市场机制的调节作用来影响高等教育的管理。国外较为成功的大学管理经验表明，社会上的学者、教育的投资人、专门的教育咨询机构、教育评估机构、其他教育服务组织等应参与高等教育的管理活动，只有这样才能促进高等教育管理的公平性和科学性。但是，大学一般都积极主动地参与评估，因为只有参与评估才有可能获得更多的办学经费资助。这充分地说明了市场的作用，当然，这个市场不是自由的市场，而应是一种有序的、规范的、有资质组织参与的市场。

欧洲在由“精英高等教育”向“大众高等教育”过渡过程中，管理上出现过两个重要变化。一是在20世纪60年代时，政府通过政党和工会的力量，扩大对教授、学院和大学管理层次决策过程的渗透与参与；二是随着大学规模的扩大和管理复杂程度的提高，学术管理者的数量有了很大发展。这些变化，一方面说明了伴随着市场影响的扩大，改革相应管理方式是十分必要的；另一方面也说明在高等教育系统中，学术的力量在管理中的作用日益增大。从大学领导角度来看，行政领导和学术领导之间的矛盾贯穿整个高等教育的发展历史。近代欧洲国家的大学管理中，教授的决策权一直很大，涉及职称评定、经费分配、教学科研等许多方面。相比之下，校长、院长的作用是象征性的，教授的权力是学术权力的中心。当时的大学远离社会生活，使国家的权力同时有可能也远离大学，大学因而获得一种宽松的外部环境。

当今大学身兼学术、社会、经济、政治等众多功能后，教育决策因其在社会生活中的重要性而变得日益规范，知识的激增使得个别学者在自身研究领域的权威地位发生了动摇，加上对政府经费的依赖性，因此，第二次世界大战后的高等教育决策权力总体开始上移，行政管理的倾向扩大。这种行政力量的壮大一定程度上限制了学术力量的发展，并波及学术研究在整个高等教育中的影响力。20世纪60年代后，大学通过曲折的发展，逐步形成了目前比较成熟的管理模式。我国高等教育的行政管理与学术管理也是走过了曲折的道路，20世纪50年代的院系调整，将高等学校归到教育部和国务院其他部委管理，教师是国家干部，学校的权力结构与行政等级相一致。这在一定时期适应了我国经济发展的需要，但也造成机构庞杂、学校研究功能薄弱等弊端。历史上，我国也实行过几次权力下放，但都是在中央和地方间进行，几乎没有涉及学校及其内部的权力分配，行政权力仍然过大。随着高等教育管理体制改革的不断深入，学术的重要性日益突现出来，特别可喜的是，政府已经开始有效地运用学术权力对大学进行管理，特别是在政府的重大决策中、高等教育发展的规划中、高等教育的政策法规中等，学术权力的作用越来越大。

六、注重管理效益

高等教育管理的最终目的还是体现在高等教育的效益管理上。管理的效益是高等教育管理中难以阐释又必须阐释的一个概念。在高等教育管理基本规律和高等教育管理原则中已涉及管理效益。但无论从管理学或管理心理学角度，都应对高等教育管理的两个重要特点给予足够的关注。这两个特点是，第一，高等教育是一个开放的系统，仅从学校内部来分析效益显然是不充分的，办学效益中在很大成分上表现为社会效益；第二，高等教育管理在空间上的层次性、多样性影响管理效益的评价。因此，相关人员希望通过多视角、多模式的考察，尽可能全面、准确、动态地勾画出评价高等教育效益的指标体系。

根据目标管理的要求，管理效益被定义为管理目标的实现程度。如果学校管理的结果符合或超过组织的目标，那么这种管理活动就是有效益的。具体来说，管理目标分为两大类。一是政府目标，指学校的上级机构以正式陈述的方式对学校任务的本质做出规定，要求学校达到某一种状态。一般来说，政府目标是抽象的，这些目标并不存在刚性的要求，无法直接指导高等学校管理者的具体工作。二是操作目标，指依据本校特定情况而制定的实际工作和活动要达到的目标。操作目标具有被认可的标准和评价程度，明确地描述了如何测量成就的程度，如大学本科生通过四级英语水平考试的比率等。理论上讲，操作目标应体现政府目标才能实现整个系统的最大效益。

系统资源模式把效益定义为组织在其环境中得到有利地位的能力。根据系统资源模式，学校有可能通过学生、家长、企事业单位、教育主管部门、当地政府获得资源来加速学校的发展，提高学校的办学质量、水平、效益，推动学校的发展。系统资源模式根据开放系统的概念和要求，强调学校的适应能力和寻找资源的能力。

应当看到，企图以一个简单的程式去解释丰富多彩的高等教育系统的管理效益问题是不现实的。管理效益实则也是一个权变的概念，一方面，在市场经济条件下高等教育活动本身是多目标、多价值观的统合；另一方面，管理者自己的个性特征也是重要的变量，会直接影响管理活动。将管理人员的个性特征与组织特征、情境特征综合考虑后提出的高等教育管理效益指标体系可能是比较可行的。

第七章　我国高等教育管理体制改革

自20世纪90年代以来，我国高等教育建设和发展出现了“井喷”现象，高校办学规模和在校人数逐年增加，在“建设世界一流大学”的目标号召下，我国高等教育的基础设施建设和学科建设步伐大大加快。其中“211工程”和“985工程”作为我国高等教育发展的先行军，为我国高等教育吹响了前进的号角。

但在我国这样一个拥有几千所大学的国家，谋求国际高水平大学的理想需要的不仅仅是政策性支持、教育资源投入和就业环境改善等外在条件，更重要的是我国高等教育进一步发展改革所选择的管理体制如何更好地适应新时代和新环境的需要。正如现任香港科大学校长朱经武讲的“一流的大学源于一流的老师教出一流的学生，一流的学生造福回馈一流的社会。”目前我国大学里，教师队伍的素质、研究水平、研究成果，决定了大学的高度与地位。如何在改革环境中梳理出政府与高校、社会与高校以及高效内部的种种关系，成为我国高等教育管理创新的出发点和立足点。因此，当代我国高校的发展需要理顺师资管理制度创新、科研管理制度创新、后勤社会化管理制度创新、教务管理制度等高校管理体制创新，迫切需要理顺大学与政府、政治与行政和学术、学生与教授以及就业与毕业等多重关系。可见我国高等教育管理体制改革是我国政治体制改革的延续，只有完善我国高等教育管理体制的一系列改革举措，我国高等教育才能在公正、民主、自由、法治的前提下获得健康持续发展的动力。

第一节　坚持创新理念

创新是指改变旧制度、旧事务，对旧的生产关系、上层建筑做出局部或者根本性的调整变动。所以创新就是改进不好的，改正错误的、不合理的，最终达到创新的目的。创新需要清晰的价值和目标，即明确创新理念，创新理论关系到创新的出发点和前进方向。管理者在高等教育管理中应坚持的创新理念包括以下几个方面。

一、统筹理念

在我国，任何发展都离不开一个因素，即“党政关系”。邓小平对这点也早有明确认识，他曾说过：“创新的内容，首先要党政分开，解决党如何善于领导的问题。这是关键，要放在第一位。”我国高等教育作为公共物品和服务的一部分，其物质载体主要是大学，大学的根本属性是事业单位，这种公益属性不会发生改变，党委领导下的校长负责制作为我国大学的领导制度，是一种“党政结合”的领导方式。党委领导作为大学政治权力的集中体现，具有全局性特征，党委在大学内部治理过程中的意见和宏观决策作用不可或缺。

统筹作为一个由数学衍生出的系统科学概念，主要强调的是针对一个事物发展或行为执行过程中涵盖的规划、引导、服务和扶持的完整的过程体系。政府统筹就是站在事物全局的角度统筹思考，洞察事物，谋划工作，整合协调，政府不能顾此失彼，不因小失大，兼顾和协调全局各方面利益。政府对高等教育的统筹也就可以围绕统筹这一概念展开，即政府统筹规划、统筹引导、统筹服务和统筹扶持。

①统筹规划方面：政府应对对高等教育发展的速度、规模、质量、结构进行宏观管理，促进形成政事分开、权责明确、统筹协调、规范有序的管理体制；规划好学校布局、学科专业设置、学位授予点；统筹研究生教育、本科教育、高等职业教育和高等继续教育；构建层次分明、类型多样、特色鲜明、充满活力的高等教育体系。②统筹引导方面：政府应建立高校学科分类建设体系，实行学术发展分类管理；创新高校人才培养模式，提高高校人才培养质量；加大对高校学术的监督和审查；统筹推进各级各类高等教育协调发展；统筹高等教育城乡、不同区域间教育协调发展；统筹编制符合要求和国情的高等教育办学资质、教师引进、招生质量等多项标准。③统筹服务方面：政府应深化高等教育综合创新，推动教育事业科学发展，必须以“三个满意”为出发点和落脚点，在关心国家命运、服务国家战略上有所作为，让党和国家满意；在勇担社会责任、满足社会对创新高等教育不断提高的要求上有所进步，让广大人民群众满意；在坚持以人为本，实现好、维护好、发展好学校广大师生员工根本利益上有所建树，让广大师生员工满意。④统筹扶持方面：政府应落实扩大高等教育办学自主权，完善我国特色现代大学制度，完善高等教育惩治和预防腐败体系；建立地方政府所属高校的教育职责评价制度；探索建立政府督导高校机构职责运转的机制。

我国明确指出，到2020年建立起功能明确、治理完善、运行高效、监督有力的管理体制和运行机制。管理体制和运行机制的重大变革涉及法律制度、组织架构、权责划分、运行规则和利益调整等诸多方面，内涵十分丰富。这都需政府统筹来部署和实施，还需要政府统筹协调政治体制创新和市场经济体制创新，使我国高等教育管理创新与政事分开、管办分离和转变政府职能等其他政治、经济、文化、社会创新密切联系，相互影响，逐步推进。

二、参与理念

我国高等教育从建国初期的“精英”教育走向“大众”教育，是我国政治体制创新不断深入的体现，是社会主义市场经济创新深入人心的要求，是社会开放文明的自我需求，是我国文化传承自我提升的动力源泉。

社会参与高等教育管理创新的必要性主要有以下几个方面。首先，从高校的系统性和开放性来看，高等教育作为一个系统要生存和发展，不可能封闭自我。高等学校需要汲取自身生存发展所需要的物质资源、人力资源和财务资源，无法忽视与社会普遍联系的客观事实。高等学校应立足于扩大高等学校的开放性，融入我国国情的现实社会中，建立社会参与高校管理的机制。其次，经济和社会生活方式的重大变革使得高等教育的大众化普及程度在不断加大，继续教育、职业教育等终身学习教育制度的不断深入人心，极大地刺激了社会参与高等教育的意识。再次，在激烈的市场竞争环境下，对人才的需求和竞争成为市场生存的不二法则。市场竞争主体如企业已经以极大的热情加强与高等学校的合作，参与高等学校教育的具体实践中，寻求满足自身需要的合格人才。最后，高等学校自主化办学带来的就业压力和经费支出以及后勤社会化等创新也需要得到社会的支持和帮助。总之，高等学校接纳来自社会各方面参与自身管理是必要的且可行的。

社会参与高校管理的内容主要包括以下三个方面：一是社会参与高等学校决策，高等学校管理创新需要吸纳更多智慧和力量，确保高校的决策体制、运行方式、机构设置等内部事宜得到民主、科学的监督、反馈和建议，社会参与的重要性不言而喻；二是市场权力对高等学校权力的影响和制约使得社会参与高等学校管理的具体事务的程度越来越深，高等学校的专业、课程设置不断重视市场需求，高等学校毕业生就业市场要求高等学校教育管理贴近社会现实，高等学校内部事务信息公开，等等；三是高等学校的社会服务功能使得社会参与到高等学校教学科研等高端领域，高等学校与企业的合作正是社会参与的表现，我国高等教育创新是系统工程，能否在市场经济大潮中经受住社会检验是创新成败的关键，我国高等学校要认清现实发展要求，提高社会服务功能，树立社会服务意识，把社会参与作为自身管理创新的重要内容，实现科技成果转化，提高社会知名度和权威性，满足社会需要的创新目标。高等教育的需求多样性、高等教育走向社会中心以及高等教育经费来源的渠道多元化要求社会参与，这不仅是高等教育发展的共同趋势，而且是实现高等教育内部管理善治的重要保证。

三、公共利益理念

公共利益是指公众的、与公众有关的或被公众需要的、公用的利益。根据《公共政策词典》的界定，公共利益是指国家和社会占绝对地位的集体利益而不是某个狭隘或专门行业的利益。《中华人民共和国教育法》第八条规定“教育活动必须符合国家和社会公共利益”。公共利益产生于人与人之间的社会联系，是公民个人利益最终的价值取向，代表着长远的、共同的、整体的个人利益。高等教育的利益主体可以分为国家利益、团体利益和个人利益。国家利益是指国家从高等教育的发展中获得的人才培养、科技技能输出的利益。团体利益是指高等教育的大学的各种权力主体在博弈过程中获得的利益。个人利益是指参与高等教育过程和活动中的个体获得的参与权、保障权和结果权的利益。这三种利益主体只是基本利益和直接利益，如何协调利益冲突和分歧，寻求整体利益最大化，这就是公共利益取向的理念所在。

公共利益正当性的基础是以一定社会群体存在和发展为前提的，公民的受教育权是公民权利的基本权利之一。因此，保障公民的受教育权成为公共利益取向的共性特征。我国高等教育已经从“精英”教育转变为“大众”教育，受教育群体的数量、受教育群体的文化程度已经具有社会普及性和公民自主性走向，因此，高等教育创新的公共利益取向能够满足国家利益和个人利益的诉求。高等教育的受教群体的年龄、性别、民族、肤色、国籍、经济状况、家庭出身等因素不会影响到高等教育知识的获取和传播，享受机会均等无差异。

高等教育管理创新涉及社会公共资源和经费的使用和调配，影响到社会成员的共同利益，创新的成果需要全社会共享。高等教育创新的公益性具有公共性、社会性和整体性，包含国家层面的经济利益、政治利益、文化利益、文明利益，也包括社会层面的经济利益、文化利益、政治利益，还包括个人层面的物质利益和精神利益。追求公共利益是高等教育管理创新的核心价值理念，是我国特色社会主义高校创新的前提和出发点，是权力主体追求共同目标的指导原则。

四、质量至上理念

高等教育创新理念是与时俱进的时代产物，其中质量至上的学习理念源于首次世界高等教育大会的两份重要文件，作为其中的核心理念，联合国教科文组织认为，高等教育质量是多层面的概念。这个概念涵盖了两方面内容：一方面是“层次”的问题，指的是高等教育质量是多层次的质量的统一体；另一方面是“方面”的问题，指的是高等教育质量是多方面的质量的综合体。高等教育的质量包括学生的质量、师资水平，还包括学术讲座的质量水平、学校后勤质量服务状况以及学术环境的自由民主氛围等。

高等教育的系统类型通常被划分为研究型高等学校、教学研究型高等学校、教学型高等学校和高职高专高等学校。每个层次的高等学校所追求的质量标准和人才培养方式以及学习理念都是有差别的，这种差别本来是基于学科、专业、学术自身特点而形成的不同的质量要求。随着高等学校社会资源的有限性分配和政府资源集中性支配的模式演变，我国高等学校的层次出现了雷同化和趋同化特征，高等教育质量的层次差异化被高等学校自身建设发展所消弭，高校教育质量层次化不明朗使高校就业环境恶化。解决高等教育质量层次化发展的途径除了政府统筹外，最重要的是高校自身定位。高校历史积淀文化内涵，文化内涵塑造高校人文，高校人文成就高校精神。高等教育创新中的按教育规律办学就是对高校文化传承和高校人文环境自主办学的认可。

这就需要高等学校树立质量至上的学习理念，从教学目的、师生角色、教学内容、教学模式、教学方法、考试方法、教学观等多方面进行改进。例如：高等学校应提升学生的社会责任感，注重决策观念和技能培养；以学生为本，重视知识的接受和应用及主观能动性发挥；发挥学生主体学习地位，主动探索学习兴趣和努力方向；加强教学内容的基础性，增加教学内容的深度和广度；发展学生个性，激发学生的发散性思维和创造性思维；激励教师合理竞争，使教师活化教学方法，注重社会实践；拓宽学科的社会研究对象，关注科学前沿知识，拓展学生眼界，提高学生驾驭知识能力，用知识质的提高应对量的增加。

第二节　把握职能定位

高等学校是实施高等教育的社会组织，主要功能是做学问、传授知识和服务社会。高等学校内部学科和学术活动具有的相对独立、相对自由和松散的本质特点，决定了高等学校在本质上是一个相对独立、松散的联合体。高等学校把握好自身的职能定位，是我国高等教育管理创新的基础条件之一。高等学校应做到以下几点，以实现对职能定位的准确把握。

一、突出育人

高等教育承担着人才培养、科学研究、服务社会、文化传承创新四大职能任务。要推动高等教育管理创新，高等学校首先需要处理好人才培养与科学研究的关系。人才培养是高等教育的根本使命，在四大职能中居于核心地位，包括科学研究在内的高校一切工作都要服从和服务于学生的成长成才。人才培养的是人才素质，包括人格、知识、能力和体质，即“德智体美”。大学的核心功能是培养全面而自由发展的人才，塑造符合我国发展的合格的社会主义建设人才，这是我国高等学校现代化建设的社会使命和至上原则。培养专门人才是高等教育的本质特征，高等学校应突出创新能力培养，进行科学素养和人文素养的融合，造就全面发展的人才。

首先，高等学校应建立以学生为服务之本的高等教育质量评价体系，把高等教育的传授重心放在学生身上，从关注学生成长和体验出发，确定高等教育教学评估考核的重要内容。其次，高等学校教师有必要参与社会实践，增加自身与社会需要的亲身体验经历，打破高等教育内部自我封闭的认识局限。高等学校教师的社会需求体验和实践一方面可以提高教师解决实际问题的能力，丰富教学素材，将社会急需技能传授于学生；另一方面可以使教师和学生对社会需求的认知更切合实际，教师应注重树立学生创新能力观念培养、终身教育观念培养、基本学习能力观念培养。最后，高等学校必须研究社会需要的各级各类各层次人才的素质结构和能力需要，为人才的社会输出提供品德培养、技能服务、智力保障，以实现知识价值的社会转化效能，实现科学技术是第一生产力的理论与实践的无缝对接。

二、注重科研

高等教育的职能是在社会发展需要的基础上形成的，是社会赋予高等教育的任务和职责，是高等教育与社会之间关系的集中体现。《国家中长期科学和技术发展规划纲要（2006—2020年）》明确了科研工作指导方针：自主创新，重点跨越，支撑发展，引领未来。高等学校作为我国科技创新的生力军，是科研竞争的前沿阵地和国家综合实力展示的重要内容，高等学校科研输出是高校人才培养、社会服务和文化传承职能的重要保证。

高等学校科研输出的最大化取决于高等学校科研管理人员的自身素质建设，涵盖知识素质、管理素质、伦理素质和服务素质等，这都需要高等学校完善的科研培养培训机制为保障。科研管理职能在通过社会输出实现科技转化的过程中需要努力实现四个能动即能动策划、能动组织、能动跟踪和能动管理。高等学校应强化科研课题设计和项目申报策划，强化科技成果转化和报奖的策划意识，强化科研部门跨学科的创新团队组建，强化社会合作企业的技术成果转化平台推广，强化科技推广的跟踪机制，强化基础研究与应用研究的有效融合。高等学校需要牢固树立以高水平科学研究为支撑的观念，鼓励教师重点开展有利于提高教学质量、推动理论创新、服务经济社会发展的科学研究，并将研究成果及时转化为教学内容。教师还要正确处理科研与教学的关系，树立科研为教学服务、科研和教学为社会服务的意识，提高高等学校的科研实力，提升学校的知名度。

三、着眼服务行政

“服务行政”一词最早由德国行政法学家厄斯特提出。服务行政是由原来的计划经济向市场经济转变过程中关于行政法的定位和作用的指导理念。学者张成福认为我国行政现代化的目标取向在于建立市场或亲市场的政府行政，使公共行政国家权力的载体过渡为公众提供服务的实体。高等学校服务行政是指高等学校行政权力以高校全体师生员工等高校利益相关者的真实需求为服务风向标，为其提供创新满意服务为首要职能，不断完善服务保障制度和服务体系的管理模式。

高等学校服务行政必须从“以权力和政治为中心”转变为“以大学章程为中心”，从“管制行政”转变为“服务行政”。高等学校必须遵循有限性、法治性、民主性和有效性原则，树立以人为本的理念，重视学术权力的诉求，增强服务意识；通过沟通与协调的民主平等对话机制，致力于教育质量发展，推动学生的全面发展，增进与其他社会组织的交流与合作；设计符合现实需要的行政服务管理制度，将高等学校自由发展权力归还于高等学校权力各主体，最终实现行政权力与学术权力关系的有效融合、行政权力与学术权力的相互信任、行政权力与市场权力走向良性互动。

高等学校服务行政必须协调学术权力与行政权力的相互关系。首先，二者的合理性需要兼顾。学术权力的独立行使是高等学校学术自由、民主管理、公平公正的根基；行政权力的履行是高等学校管理效率和运行秩序的基本保障。二者只有实现动态平衡和互助共享才能实现我国高等学校自主发展的目的。其次，二者权力边界需要明确。高等学校应根据学校章程，建立相互分工、相互合作、相互制约的关系。再次，二者作为高等学校权力系统的内部构成要件，学术权力作为高校权力的基础，行政权力必须为学术权力服务。最后，高等学校的政治权力创造组织体制保障和构架，行政权力是“制度性权力”，学术权力是“权威性权力”，行政权力需要通过制度设计来确保学术权力应有的地位和权威，实现政治权力的问责协调定位，发挥高等教育内部权力运转的畅通与高效。

四、注重文化建设

从本质上讲，高等学校管理是知识和科技的创造性组织，尤其是在我国高等教育管理创新的社会环境形势下，高等学校管理需要开拓进取的创新精神。只有创新精神才能塑造和铸就具有内涵式发展的高校，从而培育出个性发展的个体和团体。

高等学校需要打造自身的教育特色和人文底蕴，注重文化建设。一是高等学校要传承并弘扬历来的精神。高等学校要挖掘自己的历史文化传统，吸收现代大学的办学理念和思想精华，传承高校精神，明晰高校使命。二是高等学校要树立高校独特观念。高等学校要秉承高校校训，加强每届师生的校史教育，传承高校先辈的奉献精神和学术追求，强化本校的责任感、荣誉感。三是高等学校要健全文化制度。完善高等学校大学章程，推行制度创新，将高等学校精神和高等学校行为文化融入制度设计中，用制度督导文化的自我渗透。四是高等学校要完善标识建设。高等学校要充分利用校旗、校歌、校徽等文化符号的视觉效果，制定标识使用规范，开发设计独特的文化产品，如高等学校信笺、邮票、台历、纪念品、纪念册、公文样本模板、校务公示样板、高校录取通知书、成绩单和奖励证书等。五是高等学校要创新文化载体。高等学校要运用校内事务如校庆、运动会、毕业典礼、新生入学等仪式，弘扬和传播独特文化内容；创建自身品牌的学术讲座和名家论坛，丰富文化内涵建设，通过文化载体如图书馆、教学楼、校舍、校内微信、学生社团等营造全面丰富而又个性鲜明的文化氛围。

第三节　构建权力结构

我国高等学校拥有的权力主要可被归纳为以党委书记为首的校政党组织掌握的政治权力，以校长为首的行政组织掌握的行政权力，以高等学校学术委员会掌握的学术权力，以社会需求为代表的市场权力。高等教育管理创新作为一个系统工程，相互制衡的权力结构的构建是该工程不可或缺的一个子系统。

一、政治权力

高等教育所倡导的机会公平和社会公正既符合当代社会的发展趋势，也体现了高等学校所具有的政治性特点。我国高等学校构建合理制衡的权力结构，不是简单地剔除国家和政府对高等学校的控制权，而是为了以党委为主体的政治权力能够找寻适合自身的权力领地，正确发挥高等学校“举办者”作用。政治权力可通过以下三种途径得以实现。

首先，政治权力要求明确党对高等学校的领导地位。高等学校的政治权力是国家权力在高等学校中的具体展示，决定着高等学校发展的基本性质，决定着高等学校人才的培养目标以及高等学校人才培养标准等重大课题。政治权力是我国特色社会主义高等学校的本质要求。《中华人民共和国高等教育法》明确规定：“国家举办的高等教育实行我国共产党高等教育基层委员会领导下的校长负责制。”党委领导下的校长负责制是我国高等学校的管理特色，能够确保培养合格的社会主义事业人才，更好地贯彻党的教育方针。这也是明确规定的高等学校内部管理体制。其次，政治权力要求确保高等学校相对独立的办学自主权。高等学校政治权力实际是政府权力在高等学校的延伸和扩展，改变了全能政府的管理理念和态势，赋予了高等学校办学自主权。最后，政治权力要求创新权力观念。在公共管理理念盛行的当下，我国高等学校的政治权力主体校党委也应顺应时代要求，勇敢树立宏观调控理念。校党委应不再以统治者的身份来治理高等学校，而应是合作者的身份，应关注所有权力和权力主体的利益，鼓励教师、管理者、行政人员、学生、学生家长、社会用人单位、校友等人士有权参与高等学校校治理，建立广泛吸纳各方利益的代表参与治理机构，使这些利益相关者平等参与高等学校治理。

二、行政权力

行政权力是确保高等学校运行效率和运行秩序的必要机制。高等学校行政权力管理权划定是指为行政权力在高等学校运行过程中设置合理的权力边界，通过以校长为首的行政管理人员的管理工作，提高学校履行职责的效率。高等学校的行政权力以校长为代表，主要体现在行政组织协调工作上，其管理目的、管理运行方式及管理结果反馈都要求以校长为主体的行政权力具有高等学校大局观，保证整个高等学校的运行有序，正确发挥高等学校“办学者”作用。高等学校行政权力具有一元性特征，一所大学只能有一个行政权力系统，权力的运行是自上而下逐级实施的。高等学校办学规模的不断扩大和内部管理的日益复杂都对行政权力的发挥带来了挑战。

高等学校的行政权力致力于实现人才培养、科技进步、社会服务、文化传承与创新四大职能，这些职能可以通过两种途径来实现。一是以校长为首的行政组织代表国家和政府管理学校，发挥管理者职能，主要使高等学校通过科研、教学来实现合格人才培育、人才智力发挥、研究型与实践型科技成果孵化等社会价值；二是以校长为首的行政组织履行高校内部自我管理的掌控者形象，主要通过协调组织机构运行、完善自我管理模式、提高校内部资源配置、打造特色文化底蕴等自我价值实现过程流转。上述行政权力管理职责活动必须以高等学校政治权力为依托，以学术权力为基础，以市场权力为标杆，以实现高等学校的内涵式发展。以校长为首的行政组织履行高等学校行政权力时，要摈除高等学校行政化中不利因素，坚守高等学校管理章程所限定的管理权限，强化高等学校行政权力的服务意识，营造高等学校学术权力充分发挥的制度环境和人文环境，实现高等学校与政府、社会、市场的和谐共处。

三、学术权力

学术权力是大学精神的体现，是大学内在逻辑的客观要求，是大学本质特征的外化，也是建立现代大学制度的核心。学术权力以高等学校学术委员会为代表，参与主体是高校教师，学者自身的权威、自上而下的运行方式是高校权力的基础。学术权力意味着招生、考试、毕业和科研等方面拥有不可动摇的地位，具体来说，学术权力就是指让最有资格学习的人进入高等学校，并了解他们是否掌握了知识，是否应该获得学位，是否有资格服务社会。学术权力至少包括高等学校的课程设置权、教学自主权、教育评价权和文凭认定权，这就需要高等学校成立学术委员会、学位评定委员会和教学工作委员会等高等学校内部团体组织来实现学术权力的独立行使。

①学术委员会：由科技处和研究生部负责人以及各学院和重点实验室中具有正高级专业技术职称的代表组成，承担学术决策职责，包括学术水平评价、科研项目申报、科研项目评审、学术道德评审、学术规范教育、学术诚信教育、学术不端行为审查等。

②学位评定委员会：由科技处和研究生部负责人、分委会主席及具有正高级专业技术职务的代表组成，承担学科学位评定职责，包括审议学位点申报、学位授予、学位撤销、指导教师审查等。

③教学工作委员会：审议学校教学工作规划和重大教学创新方案，指导全校教学工作；审议学校专业建设、课程规划、教材编订、实验室及实践教学基地建设；审议教学奖项评审，推荐各类奖学金；审议学校教学管理规章

制度；审议学校教育教学研究及项目课题申报；开展教学调研；等等。

学术权力肩负高等学校生态系统中的特定组织使命，力求实现教学自由、学习自由、研究自由，与行政权力一并主导高等学校内部事务的决策。尤其对于行政权力干扰学术自由权的行为，高等学校学术委员会必须坚守持之以恒的学术理性和自由平等的学术资格，重视学术权力的基础建设和学术人才的自我权益保护。

四、市场权力

对于整个高等教育管理的大系统来讲，内部与外部两个环境相互作用。外部环境包含诸多因素，比如国家和政府调控、人民和社会需求等，但在这诸多因素之中，市场是核心和关键。经济体制创新是全面深化创新的重点，核心问题是处理好政府和市场的关系，使市场在资源配置中起决定性作用和更好地发挥政府作用。

从历史发展过程来看，市场权力在我国高等学校发展过程中处于遮蔽状态，它主要通过学生报考志愿、大学生就业等途径展示对高等学校发展的影响力。从历史发展趋势来看，市场在我国高等学校管理创新过程中发挥越来越大的软实力，持续走强。改革开放以后，市场就开始逐步渗透到我国高等学校发展中，经过四十年的发展壮大，市场力量越来越强。例如：逐渐形成了以公办高等学校为主、社会各界广泛参与、公办学校和民办学校共同发展的我国高等学校办学体制，实行市场机制的学费制度、就业环境和人才竞争；我国高等学校的专业、课程设置不断重视市场需求，公办高等学校与私立高等学校的竞争也日益激烈；市场经济发展大潮中的经济意识、主权观念、竞争意识、自由精神、宽容态度、平等观念和共赢博弈正在我国高等学校不断上演。市场权力的行使是抓住外部环境中市场的关键，是发挥市场在高等教育资源配置中起决定性作用的重要举措。市场主要通过以下三种途径来行使其权力。

首先，市场权力要求高等学校教育服务质量贴近现实需求。我国高等学校毕业生数量在不断增加，近两年增速略有下降，但总量也创历年新高，毕业生就业压力大已成为不争的事实。学生就业情况严峻，高等学校的教育质量需要更加适应市场的需求和变化，高等学校要重视学生参与市场经济活动的能力和条件，摒弃盲目以我为主的办学理念和不思进取的教育观念，需要发挥政治权力在我国高等学校发展中的调控权。

其次，市场权力要求打破高等教育资源创新服务垄断。随着我国经济的不断发展和我国居民家庭支付能力的不断提高，高等教育资源作为最有潜力和最有回报的市场，对外交流的范围正在我国不断扩大。根据教育部发布的数据显示，我国高等教育的人才流失情况正在不断加剧，而我国高等教育创新服务主要还是被“211”和“985”高校所垄断。如何打破教育创新服务的垄断，实现全社会高等教育资源的共享，提高我国高等教育的世界影响力显得非常重要，这就需要发挥学术权力在我国高等学校发展中的作用。

最后，市场权力要求大学信息透明公开。伴随着我国政治体制创新的步伐，“更充分的信息不仅服务于保护消费者的目的，而且也可以提高生产者的效益”。我国近年来陆续有单位或团体发布我国大学排行榜，这种全面丰富的“消费者导向”排行信息公布，而这需要我国高等学校的学校声誉、学生保持率、学术研究成果、专业排名等多维度和多指标的权重展示，这些事关高等学校教育质量信息的大量公开需要我国高等学校行政权力发挥管理作用和政治权力发挥调控作用。

第四节　健全机构设置

高等学校作为一个组织存在，组织架构和制度安排必不可少。我国高等学校创新基于创新理念、职能定位以及对权力结构制衡的思考，在科学合理决策体制之下，需要实施合理的机构设置以满足创新的需要。正确的创新理念要求机构设置多元化和民主化；精准的职能定位要求机构设置简约化和扁平化，要求建立科学合理的横向组织机构；制衡的权力结构要求机构设置制度化、规范化和程序化；科学的决策体制要求机构设置开放化和具有时代性。我国高等学校的机构设置主要包括决策治理机构、行政执行机构、学术自治机构和监督反馈机构四大类，它们分别是高校政治权力、行政权力、学术权力和市场权力职能行使的载体，是权力有效运行的制度安排，是高等学校创新理念的现实选择和职能定位的理性判断。

一、决策治理机构

政治权和行政权的权力制衡使得决策机构和行政机构必须相互独立。实际上，我国公办高等学校目前还没有成立专门的决策治理机构，即大学决策联席委员会。大学决策联席委员会成员包括：高等学校党委、教育机构代表、教师代表、学生代表、校友代表和社会知名人士代表等。大学决策联席委员会的组成首先是高等学校内构成主体和外部联系紧密者，决策联席委员会的成立和职能行使需依据大学章程的具体规定，其常设机构是高等学校党委办公室，党委办公室下设三个处，即共青团、国有资产处和组织处。大学决策联席委员会不介入高等学校具体管理过程，根据大学章程对行政权力的越界行使阻止和学术权力的违章问责以及二者权力冲突的调和。大学决策联席委员会汇聚了行政权力、学术权力、市场权力和政治权力的代表，进行高等学校内部自我控制与管理，自我决策、自我审视自身发展过程中的问题和重大事项。大学决策联席委员会的召开程序和成员构成及决策制定和实施均由高等学校章程规定，是高等学校总体决策和方向性、政治性的决策机构。

二、行政执行机构

高校的行政执行发起人是校长。校长办公会包括校长、行政各处处长，主要针对高校内部事务进行行政执行，召开的频率高，参与执行的人数多，执行的效率高，关注的对象多，其主旨是服务高等学校、服务师生、提供保障。校长办公会的常设机构是校长办公室，校长办公室主要组织、安排和协调校长办公会的召开、高等学校事宜以及对外事项发布。校长办公室下设人事处、财务处、医务处、总务处、就业处、保卫处、外联处等校级层面行政服务保障机构和各学院里设置的院级层面行政服务机构，学院办公室由辅导员、学院行政主任等行政人员构成。

三、学术自治机构

高等学校在大学章程的制度设计和保障下，成立了学术委员会、学位委员会和教学委员会三大学术自治机构，分别常设的机构为学术工作部、学生工作部和教学工作部，管理高校的图书馆、电教中心、实验室和出版社，其工作内容涵盖高等学校学生的招生、录取、选课、学术活动、学生活动、学习安排等。高等学校各学院也分别成立以上学术工作部、学生工作部和教学工作部的下属机构，自主管理高校师生的学习、活动、学术、科研和对外交流。高等学校各学院院长是学术权力的代表，不依附于行政权力而自主实施管理，按照以上三个委员会的内部宽松的学术氛围和松散的组织形式来满足本院学生的德智体美等各种技能的需求。

四、监督机构

高等学校在大学章程的制度设计和权力制衡下，成立校友会、校企联合会、工会、纪律检查委员会和审计监察处等监督反馈机构。监督反馈不受行政权力和学术权力的影响和制约，具有高等学校政治权力。监督反馈机构既要监督反馈行政执行机构的机构设置和职责行使，又要监督反馈学术自治机构的机构设置和职能监督，具有配合高等学校决策治理机构做好高等学校自主发展的协同作用。

第五节 保障运行机制

高等学校是一个系统，有高等学校内部、高等学校领导人和高等学校外部三个组成部分。高等学校外部是高等学校实现高等学校善治的外部环境，高等学校内部是高等学校善治的结果；高等学校领导人是连接高等学校内部善治与高等学校外部参与反馈的桥梁，高等学校领导人又受到高等学校外部和高等学校善治结果的影响。

高等学校内部是指，体现决策、执行、监督的组织结构，包括大学决策联席委员会、校长、学术委员会。这三者通过政治权力、行政权力和市场权力相互影响制约，相辅相成，合作共存。高校外部运行机制主要指大学外部资源的获取机制，如大学党委、学术委员会、学位委员会等。获取方式既可以是市场竞争，也可以是行政分配。所以，高等学校外部运行主要涉及的是大学与政府、社会的关系。高等学校外部运行机制合理与稳定要依靠法律和法规，即通过法治来实现。运行机制会严重影响到高等教育管理创新，高效的运行机制是高等教育管理创新的必备条件。具体来讲，运行机制的高效有赖于科学决策体制的建立、和谐外部环境的营造和有序的内部关系。

一、建立科学的决策体制

决策体制是决定运行机制是否高效的前提和基础，建立科学的决策体制，就是要探索大学决策体制的范围、决策内容以及决策实施等活动，决策体制要服务高等学校办学定位和大学精神，决策内容要针对高等学校办学自主权和办学风格等宏观层面，决策实施要配合管理制度和大学章程的具体规定，决策机制要结合高等学校内部权力运行机制而被布置安排。其中，学校办学模式和办学水平的确立是决策的核心与前提。

在行政化高等学校管理模式下，大学决策体制是高等学校政治权力与行政权力统一成高等学校党委领导下的校长负责制，完全听命于所属政府机构。同时，高等学校内部决策系统主导高等学校发展，也是基于科层制的管理模式的，实行“校—院—系—室”四层管理，部门负责人实施行政长官负责制，隶属关系明显。在政府主导的高等学校决策体制中，高等学校内部评价标准和依据是政治权力价值标准和权力价值依据的再现。我国高等教育创新正是基于创新行政化高等学校管理决策体制上的。为了解决党委领导下的校长负责制决策体制带来的政治权力和行政权力泛化，规范权力运行，推行专家治学，鼓励决策参与，需要重构高等学校内部决策体制。

首先，高等学校应完善高等学校党委领导下的校长负责制，深化高等学校决策联席委员会。高等学校党委和校长的民主集中制决策体制可以避免政治权力和行政权力的混淆和结合。高等学校党委作为学校政治权力的核心，其权力来源于国家，在高等学校中处于统治地位。我国高等学校党委肩负重任，主要工作是把握正确的高等学校办学思路，确定高等学校办学目标，明确高等学校办学任务，体现出我国高等学校的四大职能，实现高等学校的内涵式发展。高等学校决策联席委员会是以高等学校党委为主导，由高等学校内部各团体和部门的党员构成，职责很清晰。其主要职责是遵守大学章程，把握高等学校方向、抓好大事、做好协调沟通。其具体主要的工作内容包括：不参与、不干涉、不过问高等学校内部管理，只负责纠正行政权力越权、调和学术权力与行政权力、问责政治权力。我国高等学校校长作为高等学校的法定代表人，在高等学校章程的明确界定下，应积极行使行政职权，全面负责高等学校的内部管理和组织建设。

其次，高等学校应提升学术权力，体现大学精神。构建我国高等学校决策体制的一个最重要的课题是提升学术权力地位，使之成为行政权力的平等制衡权力。学术权力的主体是学者，高等学校应按照章程，保护学者个体学术权力的学术自由，使学者成为自身学术工作的主导者和发起者，不依赖于行政指导，靠市场权力奠定自身学术权威。高等学校应根据章程，建立自我评价和选拔机制，实施扁平化、非集权、松散的自主管理模式，通过学术机构即学术委员会、学位委员会和教学委员会来主导和行使高等学校学术权威，实现学术自由。

再次，高等学校应推动制度创新，树立大学章程崇高地位。民主和法治是时代进步的标志更是大学发展的基础，建立现代大学制度就是要保证大学的学术自由，营造兼容并蓄、和而不同的学术环境。大学章程是高等学校的最高法则标准和权力界定规范，是现代大学制度的最重要载体，也是高等学校政治权力、行政权力和学术权力的关系和纽带，涵盖信息公开制度、质询制度、人事罢免制度、问责制度、激励制度。高等学校校长负责制下的决策体制，需要遵守依法治校、民主管理的原则，这是社会主义政治文明在大学的集中体现。高等学校在创新决策体制上应做到以下三点。第一，高等学校应使行政决策主体多元化。高等学校应广泛鼓励高等学校师生参与学校的发展和建设中，使决策科学化、规范化和专业化；增加高等学校教师的权利，使教师拥有自主治学权和参与决策权等相关权利；提升学生在高等学校内部管理中的地位，学生是大学决策的相关利益者，学生应该而且有能力参与决策；适当削弱行政人员的权力；充分吸收校外各界人士参与高等学校决策，实现大学管理民主化和治理多元化。第二，高等学校应使决策过程参与民主化。高等学校应推行校务公开，既要公开决策过程又要公开决策结果。高等学校应根据大学章程管理办法对凡涉及师生员工切身利益、需要师生知晓以及高等学校管理规章制度等事项，均应通过高等学校的网页、校报、公示栏、微信等媒体媒介及时准确公开。第三，高等学校应沟通协调决策反馈。建立决策事前意见征集、决策流程沟通、决策意见诉求归集、决策结果反馈改进等机制；保持信息流沟通顺畅和回应解答及时。

二、营造和谐的外部环境

机制高效运行环境的构建主要着眼于两个关系的处理，一是高等学校与政府的关系，二是高等学校与社会的关系。

一方面，和谐外部环境的营造需要弱化政府与高等学校的关系。首先，从高等学校的本质属性来看，政府与高等学校的监管与被监管的角色定位需要被重新审视。高等学校是国家教育发展的重要组织，基于高等教育事业的公益属性，政府作为国家的管理机构必须对高等学校进行监管。政府监管权与高等学校自主权是我国高等教育管理中的一对矛盾体，过多监管势必扼杀高等学校自主权，过分放权又难以保证高等学校发展的正确走向。为了实现政府监管权与高等学校自主权之间的适度平衡和职责定位，就需要弱化政府在高校发展过程中的直接监管权力，将政府监管转换成契约形式的制衡监管较为合理。

为了保证高等学校发展不脱离社会主义的方针政策，最终实现国家人才培养计划的国家利益，政府对高等学校的监管是必要监管。必要监管即由政府直接管理转为间接管理，由微观管理转为宏观调控管理，由严格从属地位管理转为平等契约制衡管理。政府通过明确的权利义务内容来监督约束高等学校，就可以达到政府与高等学校的适度平衡。

其次，从高等学校的发展历程来看，政府与高校的教育行政管理模式需要变革。我国高等教育自新中国成立以来就多年沿袭苏联的高度集权的管理模式，同时政府作为高等学校的出资者和举办者，政府管控又多年沿用计划经济体制传统，加之我国数千年的官本位思想的传承，我国高等学校行政化是一个不争的事实。我国高等学校在整个构成和运行方面与行政机关在体制构成和运行模式有着基本相同的属性，我国高等学校接受政府行政管理的统一模式、统一标准和统一步调自上而下进行建设和发展，造成了高等学校办学自主权的本末倒置。高等学校内部行政人员成为学校运行的核心，教学科研人员丧失了对学校的支配权，导致高等学校主体出现混乱的情况。

为了实现高等学校行政权力、学术权力和民主管理权力相互制衡和监督，改变高等学校作为政府附属机构的历史地位，需要转变教育行政管理职能。政府不能使其行政权力触及高等学校的内部管理事务，政府需要充分尊重高等学校的独立主体地位。政府只需要在高等学校的教育目标、教育质量、人才培养、教育经费等方面进行详细规定。政府应允许高等学校自主制定教育计划、自主开展科学研究、自主确定内部机构设置和人员、自主管理和使用财产。政府对高等学校的管理主要职能是制定高校教育发展规划、进行宏观调控、提出指导建议等，不干涉高校内部事务，从而与高等学校形成合作关系。

另一方面，营造和谐的外部环境需要强化高等学校与社会的关系。高等学校作为知识组织，其职能在于通过教学传承知识，通过科研创新知识，通过社会服务应用知识。传承知识、创新知识、应用知识都是服务于学生和社会的。塑造学生人性、完善学生人格、培养学生技能从而为社会发展提供智力支持保障是大学的崇高使命。在弱化政府与高等学校关系的前提下，高等学校通过何种方式和方法加强其他社会资源的获得和输出成为高等学校发展的集中指向。

高等学校与社会的关系在不同的社会发展过程中呈现不同的表征，从农业时代的社会体系之外到工业时代的社会体系边缘再到知识经济时代的社会中心，高等学校与社会互动发展、渗透结合、共赢共存源于二者的交集。高等学校的科技创新和人才优势能够实现产业化和信息化，这恰恰满足了社会自身需求，在社会区域经济发展、产业科技进步和谋求发展的基础上产生互动。高等教育不断适应社会发展的要求是二者互动的动力基础，合作共建联合机构是二者互动的运行保证。现代社会与高等学校的关系可被概括为，社会需要和资源输送可以满足高等学校内部发展，高等学校秉持开放自由民主的精神充当着社会前进的精神导师。

但是高等学校与社会的密切联系是建立在高等学校独立自主办学的前提下的，即高等学校是为社会服务的教学科研中心，而不是社会中企业的一分子，高等学校办学自主权、财政自主权是基于政府投入和问责调控的，市场规律不会主导高等学校发展。高等学校对国家和社会的文化和精神等无形资产以及基础知识研发和社会公共利益至上的教学理念是高等学校所必须坚守的阵地。与此同时，社会对高等学校的认同和资源投入是有条件的，要求高等学校进行更多的社会参与和决策反馈。

高等学校与社会的这种“若即若离”的良性互动关系可以被表述为，“若离”是指思想、理智活动的独立，以及与高等学校外部运行机制保持相对独立；“若即”是指高等学校与社会密切联系，互融互洽。高等学校与社会的良性互动主要表现在两个方面。一方面，社会是高等学校的外部环境和基础，高等学校以社会为存在前提，汲取社会文化和社会资源完善自身；高等学校的人才培养和科技输出对象是社会，高等学校以满足社会需要和人类发展为社会价值追求。另一方面，高等学校作为社会的中心力量，指导社会体系的健全和完善，同时接受社会体系的适度介入和环境影响。

三、理顺内部关系

高等学校内部关系是高等教育管理创新成功的重要保证。高等教育管理是以学术为中心的管理，其目的是促进学术的发展。学术管理的基础是学术思想的自由和探索的自由，所以，高等学校管理者应发挥学术权力的主导作用，遵循学术自由、民主管理的原则，在学校内部营造民主的宽松的学术氛围，为科学创造提供良好的学术环境。理顺高等学校内部关系主要是指协调行政权力和学术权力的关系，落实高等学校办学自主权，遵照大学章程，依赖高等学校内部合理的机构设置，实现高等学校善治。从本质上来讲，理顺高等学校内部关系是多中心化治理过程。高等学校可以通过以下几种途径来理顺内部关系。

首先，高等学校应健全和完善大学章程。高等学校章程是高等学校内部权力运行的法制基础，是高等学校内部权益相关者制度化规范文件，是高等学校管理运行纲领性指导。高等学校章程必须明确高等学校内部政治权力中的问责权的行使、行政权力中的管理权的界定、学术权力中专业权的行使、市场权力中参与权的行使等相关制度性规定，为高校管理创新提供法律依据。其次，高等学校应优化高等学校内部决策权力结构，确保学术权力在学术管理的主导作用。高等学校应明确三会（学术委员会、学位委员会和教学委员会）的具体职责，行使学术范围内的决策、管理、监督、实施和咨询职能，加强三会组织建设、人才建设、制度设计，依据高等学校章程坚守学术道义、大学精神以及校训；建立质量为上的学术评价制度，建立公开、透明、公正、严格的聘任、晋升、科研激励制度，让学术管理回归学术本位；凸显严谨求实的学术态度和风气，确保学术评价活动的独立自主评议。最后，高等学校应完善大学校长负责制，提高行政管理水平。高等学校应依据高等学校章程，完善规范高等学校校长行政权力的行使范围和权限，使其专注于服务学术、服务学生和服务学校的目的。大学校长应具有教育管理能力和现代管理能，对大学行政事务全权处理，接纳吸收市场权力的决策参与咨询、意见反馈，公平处理校务与学术的从属与主体定位纠纷，尊重学术、尊重教授、重视人文建设；促进高等学校内部组织机构设置扁平化，提升行政管理人员的服务意识和业务技能水平；完善高等学校人事制度、后勤管理制度、财务管理制度、信息管理制度等行政管理具体制度。

第六节　我国高等教育管理创新的措施

一、中央政府宏观管理与服务是创新的关键

（一）中央政府宏观管理的必要性

当市场在高等教育中发挥着越来越大的作用的时候，政府也在高等教育的发展中承担着越来越大的责任。政府应该管理高等教育，而不是高等学校；政府要由划桨者转为掌舵者，由“运动员”变为“裁判员”。《中国教育改革和发展纲要》中指出：中央直接管理一部分关系国家经济、社会发展全局并在高等教育中起示范作用的骨干学校和少数行业性强、地方不便管理的学校。经过多年的高等教育管理创新，目前我国对高等学校按学校的教学、科研实力进行了分类，使高等学校具有一定的层次性。第一层次是研究型大学，如进入创办世界一流大学行列的几所大学、进入“211”工程计划的大学和教育部所属的其他全国性重点大学以及中央政府业务部门和各省（自治区、直辖市）重点支持的大学；第二层次是教学型大学，如除第一层次以外的四年制大学和学院（包括少数有资格授予学士学位的民办高等学校）、专科性普通高等学校（含高等职业学校、两年制学院）和成人高等学校；第三层次是大众性和普及性高等教育，包括由社会力量举办的其他高等学校和具有高等教育自学考试系统的学校。它们构成了我国高等教育的完整体系，对满足人民受高等教育的需要做出了重大贡献，在这些不同层次的高等学校竞争中，中央政府的作用是任何组织都无法替代的。尽管中央政府并不是完全直接参与对高等学校的管理，但是在国际上作为国家教育利益代表的中央政府起到了其他任何组织或团体都不能替代的作用。我国中央政府对教育的宏观管理是由目前我国高等教育的实际所决定的。

对我国来说，高等教育发展极不平衡是我国高等教育管理中的最大实际。首先，我国高等教育区域发展不平衡。我国的北京、上海、西安等区域是大学分布比较密集的地区。公共经济理论认为由于地方公共或准公共产品具有溢出效应，教育聚集的地区，经济就会发展很快，而经济繁荣又会吸引更多的高层次人才，使教育与经济相互促进，协调发展。但经济不发达的西部地

区就会输在教育起点上，越来越落后。其次，我国学校层次发展不平衡。我国的高等教育存在分层的现象，对于不同层次的高等教育，中央政府要采取不同的管理方法和手段，才能发挥它们的积极性，提高它们的办学效益和教育质量，满足我国不同层次的高等教育需求。最后，学科层次发展不平衡。第一、二层次的大学拥有国内一流的学科，它们在我国有很高的竞争力，但在国际竞争中就不一定有这种优势，所以中央政府要在财政上给以资助，政策上给以优惠，让它们发展壮大以后参与国际竞争。

（二）中央政府宏观管理的主要手段

高等教育立法是国家对高等教育干预的显性方式。通过立法使国家对高等学校自主办学的干预规范化、制度化、系统化和制衡化。中央政府应制定“游戏规则”，维护市场竞争的正常秩序，包括制定最低教育标准并监督实施，以避免竞争对教育质量的负面冲击。凭借立法来实现国家对高等教育的控制和管理是二战以来各国高等教育发展的一个重要标志。在我国，通过立法手段，政府打开了长期关闭的高等学府的铁门，新的投资主体进入高等教育，新的学科进入大学的课程，使高等教育与社会、经济发展的关系真正紧密地联系起来，也为高等教育的国际化和我国高等教育竞争创造良好的制度条件。因此，我国中央政府不仅要建立各种高等教育法规，使法规具有一定的稳定性，而且要保证法律的权威性，使权力分配的各方在法律的实施上有保障。

高等教育拨款是国家对高等教育干预的隐性方式。随着近年来我国高等教育经费资源紧张，高等学校对政府的经济依赖性日益加重，于是，中央政府有时反而成为高等教育事业最大的投资者和消费者，经济手段成为国家政府向高等教育施加权力、渗透意志、获取利益的最有效手段。我国可以借鉴发达国家的做法：接受中央政府投入的大学，在经费投入范围内的行为必须服从中央政府的要求和利益，这既保持了大学的自主性，又实现了政府对大学的管理目的。在引导大学的发展方向上，一方面，中央政府可以通过经费资助的投向，促使大学向政府所要求的方面发展。中央政府通过协调高等教育，可以使之在整体上系统化，使高等学校的功能整体最优。另一方面，政府可以转变投入方式、方法。在相对减少的政府投入中，其投入方式也要不同于以往，中央政府应该以合同式的投入或第三者代理式等方式投入，并引入竞争式拨款。一个大学获得经费的多少，要靠其实际工作行为的多少与绩效高低来确定。这样就会提高教育资金的利用效率、促进教育资源的优化，使好钢用在刀刃上。

高等教育服务是国家对高等教育的支持方式。高等教育要健康发展，离不开良好的社会环境，如规范有序的市场、完整全面的法律体系、畅通灵敏的物资、信息交流网络等。这些既是大学发展必不可少的保障条件，又是大学本身无法解决的。而政府正是为保障大多数人的利益而存在的，它有义务、也有能力为社会各主体的发展提供它们自身无能力解决的外部条件，以促进高等教育服务体系的发展。政府应建设教育信息化工程，把教育信息化工程列入国家重点建设工程，以信息化带动教育现代化。政府应重点支持并加快以我国教育科研网和卫星视频系统为基础的现代远程教育网络建设，建成一批网络学校；加快数字图书馆等公共服务体系建设，进一步改善高等教育的信息环境。另外，政府还要为我国的高等教育参与国际竞争创造良好的服务环境。

除此之外，中央政府还应制定和实施与国家现代化进程相配套的高等教育发展战略和规划，包括国家重点支持项目的设计和实施，提升国家高等教育的水平；提高政府的利益整合能力，以解决高等教育发展的地区差距，协调利益冲突，维护全社会的教育公平，重点要扶持落后地区的高等教育发展，特别是西部贫困地区的高等教育的发展；分解中央政府过于集中的权力，属于将高校的办学自主权还给高校，将一部分权力下放给地方政府，将一部分职能转移给社会中介组织。实现管理方式的宏观、间接管理；优化高等教育的社会环境；等等，这些都是中央政府宏观管理的重要方面。

二、地方政府统筹管理与服务是创新的重点

当中央政府把高等教育的地区统筹权交给地方政府后，地方政府对高等教育的发展就承担了更大的责任。中共中央、国务院正式颁发的《中国教育改革和发展纲要》中就明确提出："对地方举办的高等教育的领导和管理，责任和权力都交给省，扩大省的教育决策权和包括对中央所属学校的统筹权。"

统筹权是指政府为实现最佳的整体效益，在一定范围内综合协调各办学主体之间及各种管理要素之间相互关系的权限，如对招生规模、毕业生就业、经费投入、资源配置、专业布局及教师人事等进行的统筹和协调。加强地方政府的高等教育统筹权，就是在管理过程中，协调高等教育各管理要素之间的关系以达到管理的目的；就是要加强省级政府对本地区高等教育的统一筹划、综合考虑、全面安排的权力，而不必严格划分这些高等学校的隶属关系。通俗地说，就是不管高等学校是否属于省属高等学校，只要它地处本辖区，就应该被纳入本省高等教育统筹的范畴。由此可见，加强省级政府高等教育的统筹权，实际上是加强指省（自治区、直辖市）政府对地处本地区内的中

央部委所属的高等学校的统一筹划与协调权。所以，省级政府对高等教育的统筹应该是对本辖区的高等教育事业的改革与发展、结构与规模、速度与效益、教育教学与科学研究及社会服务、政策法规与管理规划、中外合作与交流等高等教育发展的重大问题进行筹划、综合考虑，以力求建立一个与地区经济及社会发展相适应的区域高等教育体系。

加强省政府高等教育的统筹权，并不仅仅是加强省政府对部属高等院校的协调权，而是指省政府应该将本地区所有高等教育机构视为一个整体系统，根据本地区经济与社会发展的客观需求，对本地区高等教育事业的改革和发展进行统一规划和全面部署、政策导引与执法监督、资源配置与检查评估、关系协调与信息服务，就是充分发挥省级政府在高等教育领导与管理中的主导作用。加强省级政府的统筹是区域经济发展的要求，也是中央机构改革和政府职能转变的客观需要。加强省级政府对高等教育的统筹决策权，是同世界上高等教育地方化发展趋势相一致的。美国的州政府管理高等教育的经验是值得我国借鉴的。我国要继续坚持在保证全国大政方针统一的前提下，对高等教育事业实行分区规划、分类指导的原则。这一点对地区间高等教育发展极不平衡的我国来讲，显得更为必要。

（一）规划是实施统筹管理的有效途径

我国的高等教育实行省级政府的整体统筹后，已很难再采用过去的行政命令的方式进行管理，最好的办法就是通过高等教育中介咨询机构和高等学校共同研制地方教育规划。高等学校的数量、高等学校地点的布局、各级各类的高等学校的定位、不同层次的高等教育体系等都要统筹协调安排，各省（自治区、直辖市）应从本地经济和社会发展要求出发，从本地方高等教育发展的实际和规律出发，提出优化的发展目标，以确保高等教育资源的有效利用，发挥当地优质高等教育资源的辐射作用，提高区域高等教育的综合竞争能力，实现高等教育短期效益和长期效益的协调发展。

（二）拨款是实现统筹管理的必要手段

没有有效的拨款制度和机制，地方政府要充分、有效地履行对本地区高等教育的管理职能是很困难的。在高等学校面向社会自主办学之后，拨款权就成了政府进行调控的一根灵活有效的指挥棒。地方政府要改革现有的高等教育事业经费拨款模式，拨款应以高等教育评估结果为主要依据，根据高等学校办学效益和对本地区经济发展的贡献进行动态调控，并做到拨款程序依法、科学、透明、公开、有效。地方政府可以根据学校的师资力量对重点学科或政府认为重要的学科和专业增加资金投入。对在教学、科研等方面取得重大成果的项目和学科，地方政府可以给予经费奖励或资助。对重大、关键科研项目，地方政府要给予重点照顾或优惠。在其他方面，如精神文明建设、校园环境建设等方面，地方政府也可以按照不同的水平和标准，给予相应的选择性投资或拨款。

（三）竞争是实现统筹管理的内在动力

地方各高等学校的发展水平和实力是不相同的，况且层次也不一样，所以地方政府为高等教育创造公平的竞争环境是地方政府的重要责任。另外，由于国际交流的加强，外国学生和外国学校都要在地方“落户”，所以地方政府要对他们采取公平、公正的政策，这对学术交流和学科的发展，传统和特色文化的发扬，特别是区域经济的发展、我国的国际声誉等，都有着无形的影响力。随着我国改革开放的不断深入，高等教育的国际交流与合作变得越来越不可或缺。地方政府应该在扩大本地区高等教育的对外开放、加强本地区高等学校的国际交流与合作方面发挥重要作用。地方政府在国家有关法规和政策的指导下，可以制定一些地方性的法规或政策，例如：加强地方与地方之间的高等学校开展互派学者和留学生、进行科研合作与共同商讨、联合办学等国际交流与合作的活动；鼓励本地区高等院校依法自主开展与国外高等学校之间的科学文化交流与合作，从而促进本地区高等教育的国际交流与合作活动的广泛深入开展，进一步促进本地区高等教育的国际化。

三、社会参与管理与服务是创新的趋向

社会为什么要参与高等教育的管理？管理制度经济学用公共角度对此进行了解释。公共理论是 20 世纪 60 年代后兴起的政治经济学思想，这一思想认为，“官僚机构运作的好坏不应由简单的效益和效率来决定，而应由公民的满意度来决定。在多中心、多层次、互相制约的官僚体系中，决策权和行政责任应尽可能往下分，最大限度地让受到决策影响的人参与决策”。也就是说，国家要让广大民众有公共决策的权利。公共理论反对官僚主义，强调服务的顾客导向；反对政府的强化干预，强调权利与自由；要求从重投入、重规章转到重产出、重结果，再转到重视服务提供的质量与效率上。也有人认为，在政府的决策活动中存在大量损害选民利益的问题，当政府拥有高等教育全部的管理权的时候，可能不仅不能维护社会的整体利益，而且会使教育事业沦落为政治活动，造成学术腐败，而远离了学术和社会公平。尽管上述这个想法有些片面，但在建国初期我国的高等教育管理体制改革强调的就是教育要为政治服务，所以使高等教育发展大起大落，没有收到预期的效果。

因此，为了能真正维护人民群众在教育中的利益，真正体现民主和公平，就必须吸收与高等教育相关的社会各个阶层、团体和个人参与高等教育管理中。社会不仅对高等教育的情况和运作十分敏感，而且能够影响高等教育的决策，并能在高等教育管理中发出自己的声音。这说明社会参与高等教育管理是高等教育发展的必然趋势。

我国在高等教育管理创新中，由于改变了中央政府和地方政府管理高等教育的一些传统职能，加上高等教育在大众化发展进程中竞争的加剧，高等教育的发展与社会发展的联系日益紧密，所以，政府有限的管理职能已经不能满足高等教育发展的需要，这就要求社会参与高等教育的管理，体现高等教育的民主管理倾向。《中华人民共和国高等教育法》提出："高等学校应当面向社会，依法自主办学，实行民主管理。"国务院关于《中国教育改革和发展纲要》中也指出："为保证政府职能的转变，使重大决策经过科学的研究和论证，要建立健全社会中介组织，包括教育决策咨询研究机构、高等学校设置和学位评议与咨询机构、教育评估机构、教育考试机构、资格证书机构等，发挥社会各界参与教育决策和管理的作用。"这里的咨询、审议、评估等机构就是中介组织，就是社会力量参与管理的重要的形式。

在我国的高等教育管理创新实践中，社会参与管理的确存在，而且参与的方式和方面越来越多。例如：企业界的代表参与高等教育的宏观决策，以便使有关决策更好地适应社会的需要；组成社会各界代表参加的高校董事会参与高校决策，为学校管理提供咨询，对学校进行监督；建立"产—学—研"联合体；对高等学校办学水平和质量进行评估；等等。社会参与管理作为一种重要模式和一项重要措施，对我国高等教育的管理起到很大的推动和完善作用。但由于我国高等教育管理的社会参与还处于起步阶段，还存在一些问题需要解决，例如：由于政府管理高等教育的职能转换不彻底，所以社会管理高等教育的权力缺乏，特别是公办高等学校的社会参与管理几乎还是空白；社会、企业参与管理的渠道单一，参与面不广且深度不够，企业一般是着重于科研和生产，对教学质量的反馈参与不够，缺乏与高等学校的长久的合作与沟通；社会个人参与高等教育管理还远远不够。

高等教育管理的国际经验表明，社会力量参与高等教育已经成为高等教育健康发展的不可或缺的力量。纵观世界各国的高等教育可以看到，市场经济越发达，越要求加强高等学校和企业的联系。而且，为了在就业竞争中取得优势地位，学生和家长也越来越关心高等教育，社会的全面进步也越来越依靠高等教育。这些因素都推动着包括企业在内的社会各方面的力量以多种形式在各种程度上参与高等教育的管理，社会的呼声和要求对高等教育的发展和改革也正在起着越来越大的作用。所以，在我国当前的高等教育管理现状下，为了能让社会力量真正地成为高等教育管理中的重要方面，政府和高等学校务必要让出权力空间，使社会力量积极发展、完善，而且政府要用法律来规范和保护社会力量参与高等教育管理的权力，这样能实现高等教育管理的社会参与。

四、发展高等教育中介组织是创新的重要措施

建立有效的中介机构和组织并充分发挥其作用，是健康社会发展的标志之一，也是实现高等教育管理科学化、民主化和决策结构得以优化的重要途径。中介机构一般通过研究、咨询、信息、拨款、评估、考试、督导等功能的发挥，建立起高校与政府、高校与社会之间的联系，起到重要的缓冲和润滑作用。中介机构一方面能有效传递政府和社会各个层面的意图和思想，另一方面能够及时反馈高校的要求和愿望，既可以约束政府违背办学规律、脱离实际的强制性干预，又可以在一定程度上制约高等学校有悖于政府方针和社会发展趋势的盲目倾向。当然，前提是这种中介必须是真正意义上的中立机构，而不能是行政部门的代言人或附属机关。

在国外，美国、德国、日本、英国的高等教育中介组织都比较发达。美国的“大学基准委员会”是由各大学派出的代表组成的，其主要任务是“根据该协会制定的学术标准，对大学进行评估，对达到标准的大学，协会承认其具有基准委员会会员资格，对不符合标准的大学则不予以承认，以此来推动各个大学不断改进教育教学质量。”德国除“大学校长会议”“科学审议会”外，还存在着许多教育协商、咨询、协调和合作机构，它们对高等教育的发展起到了重要的作用。日本有“中央教育审议会”“临时教育审议会”“大学教育审议会”等咨询机构。英国有“大学拨款委员会”“大学基金委员会”“多种技术学院及其他学院委员会”等。上述这些组织一般具有独立和权威两大特点：尽管这些组织也接受政府拨款、基金的资助，有的主要成员也是由政府任命的，但它的运作方式是独立的；同时，这些组织得到了政府、学校、教授、社会的普遍认可，具有相当的权威性。这些中介组织一般通过咨询、评价指导，建立起高校与政府之间的联系。

著名经济学家吴敬琏在经济研究所等单位主办的“市场经济与中介服务业发展论坛”上说：“中介组织是保证现代市场经济能够运转的支持系统，它的主要功能在于为交易双方提供中介服务，以便降低交易成本，特别是信息成本。”在现实生活中，信息不对称有时是非常严重的，依靠各种中介组织的信息服务可以降低交易成本，节约交易费用。一个完善的市场经济体系，

必须具备发达的中介服务组织系统，同样地，要构造一个公平、高效的高等教育竞争环境，高等教育中介服务组织也是不可或缺的。不论是高等学校还是社会个人，都需要中介组织参与高等教育的管理中。

中介性质的教育组织可以向社会提供高等学校办学情况的信息，促进社会对高等学校的理解和支持，也可以从不同方面对高等教育的发展施加影响，以促进高等学校适应社会的需要。同时由于中介组织具有独立性、权威性，所以它在社会参与高等教育管理中发挥着其他社会组织不可替代的作用。为了能够反映社会各方面的需求和利益，发挥它们在高等教育管理中的社会监督作用，有必要借鉴发达国家行之有效的中介运作模式，尽快建成具有我国特色的、与现代大学制度相适应的中介制衡系统，使其评估结果成为高等学校教育评估系统中最具权威性、最具科学性和最具特色的评估组织。

要发展高等教育中介组织，我国应做到以下几点。首先，国家应鼓励并促进建立各种类型和性质的中介组织，使它们有十分广泛的社会参与度和社会代表性。各个社会阶层和团体都应有反映自己呼声的组织。建立的中介组织应“能在高等教育评估、科学研究、提供顾问咨询服务，探讨教育改革等方面做出不随政府意向而亦步亦趋的，比较客观可信的成果”。人们应打破那种与行政级别对应设置教育中介组织的单一思路，建立跨区域、跨部门、性质多样的综合或专业教育中介组织，如教育咨询、审议机构，教育指导、服务机构，教育评估机构、教育资格认定机构，教育会计、审计机构，教育仲裁、法律机构等。这些组织应既可以承担政府职能转变后的一部分职能，又可以成为高等学校参与市场运作的中介。其次，国家应规范中介组织的运作。国家应用法律来规范和保护中介组织参与高等教育的管理权力，并相应确定其连带责任或有限责任；认真对中介组织进行资格认定、登记、监督和检查；维护良好的市场秩序，并为中介组织自主开展的活动提供一些优惠政策。最后，高等教育中介组织要办出自己的特色。中介组织在围绕自己的目标和使命开展活动，要有严格的质量意识，注重职业道德建设，遵守协会的各种制度和章程，自重自律，为会员提供自己所承诺的高质量的服务，通过实践工作树立自己的品牌和声誉，熟悉国际市场的惯例，学习国外最新的中介服务的知识。

正如夏鲁惠在《充分发挥我国高等教育中介组织的作用》中总结的，目前，围绕我国高等教育的发展，高等教育中介组织对如下一些方面开展研究、咨询、服务等工作显得尤为重要：高水平大学领导和管理的成功要素及其基本特征；新世纪大学发展的目标定位和战略选择的咨询服务；现代大学的管理体制、运行机制和组织构架；人才培养模式、师资队伍建设与教学质量保障；大学的资源开发与配置。这对我国高等教育中介组织的行为提出了更高的要求：中介组织不仅要提供中介服务，而且要为政府做好高等教育改革和发展方面的各种科研论证，还要进行高等教育管理、科学和学术方面的研究工作。

参考文献

[1] 丁桂兰．品牌管理学 [M]．2 版．北京：经济管理出版社，2017.

[2] 代静．高等教育管理与教学研究 [M]．西安：西安交通大学出版社，2017.

[3] 梁迎春，赵爱杰．高等教育管理与质量评价研究 [M]．西安：西安交通大学出版社，2017.

[4] 吴应利，文南薰．休闲管理实务 [M]．北京：中国旅游出版社，2017.

[5] 蔡世刚．管理学 [M]．西安：西安交通大学出版社，2017.

[6] 朱永新．中国教育改革大系 高等教育卷 [M]．武汉：湖北教育出版社，2016.

[7] 李进才．高等教育教学评估词语释义 [M]．武汉：武汉大学出版社，2016.

[8] 骆威．南京国民政府时期的高等教育立法 [M]．南京：南京大学出版社，2016.

[9] 张学洪．学海撷英——深化高等教育改革的思考 [M]．北京：光明日报出版社，2016.

[10] 王红．中国教育经费发展历程与未来展望 [M]．上海：上海科技教育出版社，2016.

[11] 李广海，马焕灵，陈亮．学前教育政策与法规 [M]．南京：东南大学出版社，2016.

[12] 胡海建，李曙豪．后大众化高等教育创新驱动研究 [M]．北京：光明日报出版社，2016.

[13] 郑旭东．杜德施塔特高等教育理论与实践探究 [M]．武汉：华中师范大学出版社，2016.

[14] 胡弼成．高等教育学 [M]．长沙：湖南师范大学出版社，2015.

[15] 荣仕星．高等教育行政管理实话说（下卷）[M]．北京：中央民族大学出版社，2015.

[16] 刘细发. 欠发达地区高等教育科学发展战略研究 [M]. 南昌：江西人民出版社，2015.

[17] 周建松，盛健. 高等职业教育教学创新与实践成效 [M]. 杭州：浙江工商大学出版社，2015.

[18] 陈小筑. 高等教育改革与创新（第八册）[M]. 西安：西北工业大学出版社，2015.

[19] 胡赤弟. 理论 实践 模式 宁波市高等教育协同发展 [M]. 杭州：浙江大学出版社，2015.

[20] 周建松. 现代高等职业教育创新发展研究 [M]. 杭州：浙江大学出版社，2015.

[21] 秦旭芳，向海英. 学前教育管理学 [M]. 长沙：湖南大学出版社，2015.

[22] 田建国. 山东高等教育强省建设研究 [M]. 济南：山东教育出版社，2015.

[23] 张骏. 高等教育改革研究与实践（第六辑）[M]. 西安：西北工业大学出版社，2015.